Idol Culture
through the Prism of Media Theory

Nishi Kenji

アイドル／メディア論講義

西 兼志

東京大学出版会

Idol Culture
through the Prism of Media Theory
Kenji NISHI
University of Tokyo Press, 2017
ISBN978-4-13-053024-8

アイドル／メディア論講義——目次

0　はじめに——なぜ〈アイドル〉か？

いまや〈アイドル〉を目にしない日はありません。〈アイドル〉のファンでなくても、ネット広告のアイコンとなっていたり、ニュースサイトで毎日話題になっていたりしますし、SNSでは、知り合いの誰かの〈アイドル〉についてのつぶやきを目にするかもしれません。街に出かければ、街頭広告や雑誌の表紙のイメージキャラクターとして微笑みかけてきますし、公共団体の広報などでお願いをしてきたり、注意を喚起したりもしてきます。テレビをつけても、本来の居場所である歌番組やドラマ、バラエティ、あるいは、CMはもちろんのこと、ドキュメンタリーやニュースといったお堅くデリケートな番組で〈アイドル〉を見かけることも珍しくありません。

〈アイドル〉冬の時代といわれた一九九〇年代に、バラエティアイドルやグラビアアイドルとさまざまな変種を生み出しながら、〈アイドル〉は拡散していきました。そしていまでは、ローカルアイドルや地下アイドルなど、語義矛盾ではないかと思われる存在も含めて〈アイドル〉はどんどん増殖しています。

このように〈アイドル〉は、メディアやジャンルを軽々と飛び越え、あらゆるところに進出、あるいは、滲出しています。

二〇一〇年頃からは、AKB48の成功にならおうと、多くのアイドルグループが登場し、「アイドル戦国時代」といわれ始めました。アイドル界の「内」だけにとどまらず、メディア産業全般を覆い、〈アイドル〉はひとつの文化として定着したといえるまでになったのです。

現在では、とくにスマホが日常生活にとって必要不可欠のものとなっています。そしてメディアが日常生活に組み込まれ、あるいは、日常生活のほうがメディアに組み込まれてきています。メディアの「あちら側」と「こちら側」の区別がどんどんなくなっているわけです。それをよくあらわしているのが、テレビ局を中心に再開発された空間です。たとえば、お台場では、フジテレビを中心にして『冒険王』、そして『夢大陸』のようなテレビ番組を活用したイベントが開催されています。それは、TBSと赤坂サカスや、テレビ朝日と六本木ヒルズ、日本テレビと汐留についても同様です。

こうして日常化したメディアやメディア化された日常において、〈アイドル〉は、わたしたちの振る舞いをかたちづくるひとつの核となっています。

メディアがわたしたちの振る舞いに影響を及ぼすことは、メディアの果たす役割としては、決してめずらしいことではありません。たとえば、映画〈スター〉の歩き方や身振りをいつのまにかまねていたり、テレビ〈タレント〉のしゃべり方に知らず知らずに似てしまうことを思い浮かべれば明らかでしょう。「流行」という現象も、このような振る舞いが多くの人にいくらか長く感染することにほかなりません。

この意味でいえば、本書が論じるのは、メディアの「向こう側」にいる個々の〈アイドル〉というより、メディアと日常が重なり合うメディア文化のなかの〈アイドル〉的なもの、さらには〈アイドル〉を切り口にしたメディア文化だということになるでしょう。

〈アイドル〉にしろ、〈スター〉や〈タレント〉のような存在は、「メディア的形象（figure médiatique, media figure）」と呼ばれます。「メディア的形象」とは「メディアでよく取り上げられる人」のことですが、本書ではより広い意味で理解したいと思います。「メディア的」とは、メディアに登場することだけでなく、人々の媒介（つなぐもの）になることであり、また「形象」も、人物そのものを指すこともあれば、人物を表現したモノ（表象）を指すこともあります。その意味では、「メディア的形象」は、アニメやゲームだけでなく、日常生活における〈キャラ〉という概念に近いものといえるでしょう。このような形象を、筆者は「indi-visual」と呼んできました。[1] というのも、メディア的な形象は、「individual＝個体。それ以上分けること（divide）ができないもの」というより、さまざまな情報の束に、「個」としてのとりあえずのまとまりを与える「visual」＝「現れ」のことだからです。たとえば、SNSなどで使っているアバターも、人が意識／無意識にかかわらず発した情報の束にとりあえずのまとまりを与えるものです。そして、それは、〈スター〉や〈タレント〉、〈アイドル〉についても同じです。〈スター〉や〈タレント〉、〈アイドル〉について、わたしたちは断片的な情報しか知らないですし、メディアを通して間接的に接するばかりで、〈アイドル〉のことを本当に「知っている」といえるかどうかも怪しいものです。それは、よく知っているはずの身近な友人、さらに、自分自身にも当てはまることかもしれません。それにもかかわらず、あたかも知っているかのように思い、知っていることを疑ってみようともしないほどの存在感を〈スター〉や〈タレント〉、〈アイドル〉はもっています。そして、〈スター〉や〈タレント〉、〈アイドル〉の存在感は、彼らが「visual」、とくに、〈顔〉的な形象だからにほかなりません。「顔」を指すことばには、「visage」とい

indi-visual：さまざまな情報や断片に視覚的な要素（visual）＝〈顔〉によって、とりあえずのまとまりを与えられた存在や現れのこと。〈キャラ〉という概念にも近く、〈スター〉〈タレント〉〈アイドル〉がその具体的な例。

うものもありますが、「visage」は、「visual」と同じく、ラテン語の「見る（videre）」という動詞から派生したものです。

実際、〈顔〉ほど、わたしたちの視線を、否が応でも引きつけるものはありません。わたしたちは、〈顔〉がないところでも、そこに〈顔〉を見てしまうほど〈顔〉に引きつけられるのです。だからこそ、「心霊写真」が存在しているわけです。

たとえば、生まれて一時間も経っていない新生児であっても、大人がおこなう舌出しや口の開閉といった行動をまねることが知られています。また、目鼻がランダムに置かれた〈顔〉より、通常の〈顔〉に対して新生児は興味を示し、その表情をまね、喜びます。三つの円や線が実際の目と鼻のように配置されれば、それだけで〈顔〉のように見えるのです。

そして、〈顔〉はわたしたちのアイデンティティに関わります。〈顔〉を写した証明写真がその人のアイデンティティを単に証明してくれるだけでなく、〈顔〉という対象は人間のそもそものアイデンティティをより根本的にかたちづくるものなのです。

精神分析では、人間のアイデンティティは、わたしたちの外側にあるイメージによって形成されるのだとされます。生まれてすぐに立ち上がることのできる動物とは違って、人は未成熟な状態で誕生し、自分の身体をうまくコントロールできません。身体がひとつのまとまったものとなっていないのです。そのため、赤ん坊は、身体を自分のものとしてコントロールできるようになる前に、鏡に映る自分の姿を視覚的にまず取り込みます。そして、身体をひとつのまとまったものとして把握します。このような鏡のイメージを介して、みずからのアイデンティティが形成される、時期的には生後六カ月から八カ月の段階を「鏡像段階」と呼びます。つまり、わたしたちのアイデンティティは、鏡に映ったイメージを通して、みずからの不十分さを補うことで形成されるのです。鏡に映ったイメージは、わたしたちの「外」にある「対象」＝「モノ」です。そうした自分の外側の存在によってこそ、わたしはわたしだという「内面」＝「意識」＝「主体」がかたちづくられるのです。「対象」が「主体」に、「外部」が「内部」に、「モノ」が「意識」に先行しているのです。

赤ん坊が他者の〈顔〉に興味を示し、表情を模倣することを指摘しましたが、赤ん坊自身の〈顔〉は、その養育者の〈顔〉を映し出し、逆に、養育者の〈顔〉も新生児の〈顔〉を映し出しています。それは合わせ鏡のような状況です。このような指摘をしたのは、ドナルド・W・ウィニコットという小児精神科医です。ウィニコットは、アイデンティティの形成にとって、イメージが果たす役割を明らかにした点で鏡像段階を評価します。しかし、みずからの臨床経験から、養育者の〈顔〉の重要性が鏡像段階でまったく取り逃されている点をウィニコットは批判します。いまだアイデンティティを持つにいたっていない赤ん坊にとって、養育者を含めて、周囲との関係性は、「わたし」と「他者」、「内」と「外」の区別がなされていない融合的なもので、ウィニコットはそれを「移行的」と呼んでいます。授乳の場面にそれはよくあらわれています。授乳の際に、乳児が目で追うのは乳房ではなく〈顔〉なのです。

赤ん坊は、母親の顔にまなざしを向けている時、一体何を見ているのか。赤ん坊が見ているのは、通常自分自身であると思う。別のいい方をすれば、母親が赤ん坊にまなざしを向けている時、母親の様子 what she looks like は、母親がそこに見るもの what she sees there と関係がある。[2]

合わせ鏡のように向かい合った〈顔〉と〈顔〉は、「わたし」と「他者」の区別がなくなった融合的な関係にあるわけですが、それは授乳そのものにも当てはまります。つまり、赤ん坊が与えられている乳房は、他者のものではなく、あくまで自分自身の一部なのです。授乳する側も、与えるといっても、他者に対してではなく、いまだみずからの一部というべき赤ん坊に対してです。赤ん坊にとって養育者は自分の外にあるのでなく、また養育者にとっても赤ん坊は自分とは別に、独立して存在しているのではないのです。

このように〈顔〉の知覚にしろ、授乳にしろ、握手において相手に触れることが同時に相手から触れられることであるように、相互的で融合的な状態にあるのです。とくに、〈顔〉の知覚は、たしかに、視覚的なもので、距離を介したものであるわけですが、しかしながら、原初的な知覚として、触覚的で「接触（contact）」的なものなのです。

そして、〈顔〉を中心にした現れである〈indi-visual〉は、このような人間の原初的な知覚を再現しており、それが力の源泉なのです。

たとえば、他人の〈顔〉をまじまじ見るのは、赤ん坊のときはあたりまえのことです。それが、赤ん坊のかわいさの理由のひとつで、子どもには許されていますが、大きくなるにつれて、そうした振る舞いはどんどん減っていきます。それにもかかわらず、あるいは、それだからこそ、メディア上の〈indi-visual〉についてはまったく事情が異なり、知らず知らずいくらでも凝視してしまいます。〈indi-visual〉は、〈顔〉的な形象だからこそ、わたしたちは見入ってしまうのです。メディアの側からいえば、凝視させることで受け手との「接触」を確立しているということです。そして、この「接触」性のために、メディアは、〈スター〉、〈タレント〉、〈キャラ〉、あるいは、〈アイドル〉といった、〈顔〉を中心とした〈indi-visual〉を生み出してきたのです。

〈アイドル〉のような〈indi-visual〉は、それと気づかれることなくメディアとわたしたちをつなぐ役割を果たしているインターフェイスなのです。そして、インターフェイスは効率的になればなるほど、目立たなくなり、あたかも存在していないかのようになるものです。〈アイドル〉のような〈indi-visual〉はまさに自然なものとして「見えない」からこそメディア論的に意識的に考察を要請する対象なのです。

賢者が月を指さすとき、指を見るのは愚者かメディア学者といわれますが、まさに、そのような愚者＝メディア学者としての取り組みが求められるわけです。

しかしながら、〈アイドル〉のような現在進行形の対象を研究者が論じることには大きな危険が待ちうけています。というのも、学生などの若い人たちのほうが、より対象に近く、知識や接する機会も多く、ちょっとした違い――たとえば、「いけてる」と「いけてない」の線引き――にも敏感だからです。研究者より、学生のほうが〈アイドル〉にくわしいわけです。また、現在進行形の対象についての議論を書籍としてまとめることには、本質的に限界もあります。

それと同時に、研究の場合、対象と距離を取る必要がありますが、その対象にどんどん惹かれ、巻き込まれてしまうこともあります。対象と適切な距離が取れなくなり、ただのいちファン、いち消費者の報告や告白でしかなくなってしまう危険性もあるのです。

しかし、逆にあまりに距離を取りすぎ、「外」から、あるいは、「上」からの議論をするだけなら、〈アイドル〉のように、本質的にとらえがたい対象――ある研究書では、「わけのわからなさ」と呼ばれています――を取り上げる必要もないでしょう。

このように〈アイドル〉とはきちんと論じるには難しい対象です。しかし、それでも論じてみようと思ったのは、〈アイドル〉がひとつの「メディア文化」、さらには「文化」そのものとして根づいているのを目の当たりにし、それに驚くとともに違和感を抱いたからです。また、それと同時に、このような対象に取り組むことで、これまでのメディア論に試練を与え、理論の成長力を試すことができるのではないかとも思ったからです。

こういう次第で、本書では、現象と理論の両方を見据えたアプローチを試みていきたいと思います。それがタイトルの『アイドル／メディア論講義』の「アイドル」と「メディア」のあいだのスラッシュの意味です。

以下の議論で取り上げるのは、女性アイドルのなかでもおもにアイドルグループを中心とした現象です。それはまず、「アイドル戦国時代」と呼ばれることもある現在の活況が、ＡＫＢグループをはじめとした女性アイドルグループによるものだからです。

また、彼女たちのほうが、男性アイドルにくらべ、〈アイドル〉らしさを体現しているということもあります。

男性アイドルについては、ジャニーズ事務所所属の〈アイドル〉の一強時代が続いてきましたし、SMAPや嵐のような「国民的」アイドルグループが女性アイドルグループの目標にもなっています。「ジャニーズ」の歴史は戦後とほぼ一致するものですが、このあいだにひとつのブランドとして確立され、ジャニーズの個々のグループも二五周年、一五周年を迎え、いまやその地位を不動のものとしています。その地位やブランドはあまりに安定しており（とはいえ、SMAPは、二〇一六年末に解散しましたが）、その意味で、男性アイドルは〈アイドル〉というより、〈タレント〉と呼ぶほうがふさわしいように思われます。発展途上にありさまざまな揺らぎをはらむ女性アイドルこそが〈アイドル〉らしさを体現しているわけです。

また、それだけでなく、女性アイドルのほうが同性からの支持を集めているという興味深い現象もあります。男性アイドルもかつてのように女性ファンだけという状況ではなくなってきていますが、同性からの支持という点では、女性アイドルのほうが男性アイドルに先駆けています。

以上のことから、ここでは女性アイドルを主題として取り上げますが、本書の構成は次のようになっています。

まず、1章では「一九八〇年」という年に注目します。この年は、〈アイドル〉を考えるにあたってモデルとなる、時代を代表するふたりの〈アイドル〉のひとりが引退し、もうひとりがデビューするというアイドル文化の起点、あるいは、分水嶺、端境期となる年です。また、メディア環境が大きく変化していく節目となる年でもあります。

続く2章、3章、4章は、まず、映画＝〈スター〉、テレビ＝〈タレント〉という、ふたつのメディアとふたつのメディアに特有の〈indi-visual〉の組み合わせを取り上げます。そして、それらの検討をふまえて、一九八〇年代から九〇年代にかけてのメディア環境の変容や〈アイドル〉の変容について確認しながら、〈アイドル〉という〈indi-visual〉がメディア論的にどのように位置づけられるかを考えます。

5章では、メディアが日常化し、日常がメディア化していくという、リアルTV化する環境のなかで、〈アイドル〉が果たしている役割について、「ハビトゥス」（個々の場面における振る舞いを生み出す、習慣として身体化された傾向性）を伝達する装置という観点から考えます。

6章では、そのような役割を要請する「関係性」（「空気」ともいわれますが、「コミュニケーション」と言い換えることもできます）にこそ価値を置く文化について考察します。

7章では、一九九〇年代以降、現在にいたるまで広く親しまれている〈キャラ〉という観点から、〈アイドル〉を考えます。以前、筆者は〈キャラ〉を「コミュニケーションのvector（ベクトル＝媒介生物）」、すなわち、コミュニケーションを方向づけると同時に、感染させていくものとして分析しました。[3] ひとたび、〈キャラ〉に感染し、そのグッズなどを身につけるようになると、今度は、その人自身が、その〈キャラ〉をさらに感染させていくことになります。このような〈キャラ〉の蔓延は、〈アイドル〉にも影響せずにはいません。

そして、8章では、ここまで見てきた〈アイドル〉文化の変容とその現状を、〈アイドル〉の定番である「卒業ソング」を分析することで明らかにしていきます。続く9章では、ゼロ年代以降に隆盛を迎えるライブ文化と〈アイドル〉の関係を取り上げます。なかでも、〈アイドル〉を中心にしてかたちづくられる「共同性＝コミュニティ」について考えることで、〈アイドル〉がいまやひとつの文化となっていることを論じます。

以上の議論を貫いているのは、新たな状況と向き合う、「とにかく前向きな姿勢」や「未来志向」が〈アイドル〉を特徴づけるものであり、そして、それゆえにこそ、〈アイドル〉がいまや文化として確立されることになったのではないかということです。この仮説がどこまで有効なのかをここから検討していきたいと思います。

注

（1）「indi-visual」については、拙著『〈顔〉のメディア論――メディアの相貌』（法政大学出版局、二〇一六年）で包括的に論じた。

（2）ドナルド・W・ウィニコット『遊ぶことと現実』橋本雅雄訳、岩崎学術出版社、一九七九年、一五七ページ

（3）西兼志「コミュニケーションのvectorとしての〈キャラ〉――indi-visualコミュニケーション」、石田英敬／吉見俊哉／マイク・フェザーストーン編『デジタル・スタディーズ2 メディア表象』東京大学出版会、二〇一五年

1　一九八〇／〈アイドル〉のふたつのモデル

〈アイドル〉を考える出発点になるのは、一九八〇年です。オタク第一世代にあたる作家でコラムニストの竹内義和は、〈アイドル〉を「清純少女歌手」と明快に定義しています。そしてこのように定義される「アイドル」のなかで画期的だったのは、松田聖子の登場です。

松田聖子の出現が、それまでのアイドルのベクトルを百八十度変えてしまった。もちろん、いい方にである。
（中略）松田聖子以前と、松田聖子以後とでは、アイドルの持つカラーが、まったくといっていいほどちがっているのである。(1)

松田聖子が登場する以前の〈アイドル〉は、演歌やニューミュージックなどの歌手とくらべて下に見られていたのですが、彼女がヒットを飛ばし続けることで〈アイドル〉に対する偏見が打ち破られていったのです。松田聖子の場合、発表した曲がただヒットしただけでなく、その楽曲や歌唱力によって、「国民的アイドル」にまでのし上がり、〈アイドル〉の地位そのものを飛躍的に高めていきました。

もちろん、松田聖子が〈アイドル〉の起源というわけではありません。しばしば起源としてあげられるのは、一九七一年に「17歳」という曲でデビューした南沙織です。彼女の歌う楽曲は、「私小説路線」と呼ばれ、彼女と同年齢の女の子のことを描いたものでした。プロデューサーであった酒井政利――南沙織だけでなく、小柳ルミ子、天地真理の「三人娘」や、西城秀樹と野口五郎、郷ひろみの「新御三家」のプロデュースを手掛け、「アイドル歌謡曲というジャンルの創始者」(2)とも評される人物です――は、「南沙織のプロデュースに関しては、このデビュー曲もそうであるように、私小説的な作りを一貫させてゆこうと私は考えていた」といっています。(3)さらに、「70年代から80年代のスター史をひもとくと、南沙織はその原点＝出発点に位置する歌手である」とし、「芸能界に身をおくスターとしての彼女の姿勢も、また他のスター歌手には見られない特異なものがあった。なにより自分自身を大切にしたい！　その姿勢を一貫して持っていた」と指摘しています。(4)実際、二四歳の誕生パーティの席で、突然、南沙織が「今日をもって引退させていただきます」と宣言したのは、プロデューサーの酒井政利にとっても、所属していたプロダクションにとっても、寝耳に水のことであったそうです。彼女はこうして引退し、大学を卒業した後、写真家の篠山紀信と結婚することになります。

いずれにしろ、それまでのように大人向けの楽曲を大人顔負けの歌唱力で歌う若い歌手と、「私小説路線」のような方針はまったく異なるものでした。そのため、南沙織が〈アイドル〉の起源としてあげられるわけです。(5)

また、山口百恵や桜田淳子など、一九七〇年代に〈アイドル〉を次々に輩出した『スター誕生！』

（日本テレビ、一九七一―八三年）という番組を立ち上げた、昭和を代表する作詞家の阿久悠は、みずからが手掛けたのはあくまで「スター」であって、「アイドル」ではなかったといっています。

アイドルとは、エルビス・プレスリーであり、長嶋茂雄であり、人気、実力のほかに説明し難いカリスマ性を備えている人がそう呼ばれる、と信じていた世代であるから、「スター誕生」から次々と巣立って行った人気の少女歌手たちのことを、アイドルと呼んだことはなかった。(6)

一九五〇年代の末から六〇年代にかけて、「アイドル」がどのようにとらえられていたかについての証言として興味深いものですが、ここからわかるのは、『スター誕生！』などから「清純少女歌手」が次々と輩出されたことで、七〇年代に、「アイドル」ということばがその内実を大きく変えていったということです。そして、それを決定づけたのが、八〇年という節目の年にデビューした松田聖子だったわけです。

こうして、一九八〇年代は〈アイドル〉の時代となります。八〇年代といえば、「バブル」であったり、「トレンディ」であったりと、浮かれた時代という印象があるかもしれません。また、八〇年代の終わりが「昭和」の終わりと重なったこともあり、「昭和」といったほうがイメージしやすいかもしれません。

そんなイメージが作られるなかで重要な役割を果たしたもののひとつが、〈アイドル〉なのです。たとえば、いまや「国民的」といわれるＡＫＢ48もさかのぼれば一九八〇年代の「おニャン子クラブ」にたどり着きますし、男性アイドルでも、ジャニーズの「重鎮」として扱われている——扱われすぎているとの声もありますが——近藤真彦が歌手デビューしたのも、八〇年のことです（すでに前年に、「たのきんトリオ」と呼ばれた田原俊彦、野村義男とともにドラマ『3年B組金八先生』の第一シリーズ（TBS、一九七九―八〇年）に出演していました）。あるいは、宮藤官九郎が脚本を担当した『あまちゃん』（NHK、二〇一三年）が話題になった要因のひとつには、ドラマのなかで現代と八〇年代が重ね合わせられたことがあります。たとえば、小泉今日子と薬師丸ひろ子という八〇年代を代表する、その当時は並んで立つことがなかったアイドルが、『あまちゃん』では共演していました。いまやAKBと並ぶアイドルグループとなったももいろクローバー（Z）も、「昭和」のイメージを下敷きにしたことが、その成功の大きな要因のひとつです。八〇年代のプロレスや、ピンク・レディーやキャンディーズなどの七〇年代の〈アイドル〉、さらには、ザ・ドリフターズや、フォークソングなどのさまざまな要素を取り入れることで、ももいろクローバー（ももクロ）は幅広い世代から支持を得ています。

このように、〈アイドル〉は、「昭和」や「八〇年代」という時代を特徴づけるものであり、逆に、〈アイドル〉のほうもこの時代によって特徴づけられているのです。

そして、この一九八〇年代の〈アイドル〉を代表する松田聖子の登場を際立たせているのが、彼女と入れ替わるように引退していった山口百恵というもうひとりの〈アイドル〉です。

山口百恵の誕生

山口百恵はその「誕生」について多くのことが語られてきた〈アイドル〉です。彼女がデビューしたのは、一九七一年に日本テレビで放送が始まっていたオーディション番組『スター誕生!』でのことでした。彼女は視聴者のまさに目の前で〈アイドル〉として誕生したわけです。しかし、その誕生に立ち会った人たちのコメントで共通しているのは、彼女がまったく〈アイドル〉らしくなかったということです。

たとえば、山口百恵のデビューからプロデューサーを務めた酒井政利によれば、デビュー前の印象はある種の「たくましさ」を感じさせるものでした。

写真からの印象をひとことでいうなら、ズドンとそこに立っている女の子だった。白いブラウスとミニスカートという少女らしいよそおいなのに、何かたくましさを感じさせる。足が太い娘といってしまえば、たしかにそうなのだが、むしろその大地を踏みしめるようなたくましさが新鮮に映った。(7)

中学生の女の子に対してのことばとしてはいかがなものかというものですし、ほめているのか、けなしているのかもよくわかりません。別の個所でも、酒井はこの「たくましさ」を「ナウっぽさ」のない「古風」で「時代劇に合う」ものと評し、一歩まちがえば、見る者の「気持ちをめいらす」ことにもなりかねないほどだったといっています。さらに、デビューの挨拶に訪れた彼女の姿について、「女学生風のストレートの髪にはパーマがかけられ厚ぼったく耳を隠す。おまけに衣裳がものすごい。

大きな花柄のムームーの様なロングドレス。まるでどこかの団地妻が、パーティか何かに着ていくようなスタイル」と酷評しています。

しかし、このような「たくましさ」こそが時代に求められているものだとも酒井は感じていたようです。

山口百恵がデビューした73年は、ご存じのようにオイル・ショックの年である。見た目の格好よさや軽快さより、これからは大地を踏みしめるたくましさや、重みのようなものが求められる時代ではないのかと考えたからである。(8)

このような「たくましさ」を、『スター誕生!』のプロデューサーを務めた池田文雄は「存在感」と評しています。

ジーパンにシャツスタイルというごくありふれた服装なのに、なぜか彼女がいるそこだけが静まり返っているように思えたから不思議だ。確か400人以上の応募者が来ていたが、そのなかで光っているというのか、ありふれた言葉で言えば存在感があった。騒々しい会場の雰囲気のなかで、そこだけが水を打ったように静かなのだ。(9)

「ズドン」とか「足が太い」、「団地妻」などの生々しさとは打って変わって、神秘的というか神々しさを感じさせるほどの「存在感」です（後に「菩薩」と呼んだ人もいました）[10]。

たしかに、このような「たくましさ」や「存在感」は、後の〈アイドル〉としての成功を予感させるものだったでしょうし、逆に、山口百恵の成功から事後的に見出されたものである面も否定できないでしょう。そうでなければただの悪口です。いずれにしろ重要なのは、山口百恵が「たくましさ」や「存在感」など、〈アイドル〉らしからぬ異質さに特徴づけられていたということです[11]。

こうした山口百恵の印象には理由があります。彼女は、同じ『スター誕生！』から先にデビューしていた桜田淳子とくらべられ、〈アイドル〉らしくないと感じられていたのです。

オーディションの審査員を務めていた阿久悠は、山口百恵に対して「あなたは青春ドラマの妹役ならよいけれど歌手は諦めた方がよい」という趣旨の発言をしたとされていますが、後の自著でも次のようにいっています。

登場におけるインパクトは、とても桜田淳子の比ではなく、後の百恵神話を予測させるものはほとんどなかった[12]。

桜田淳子は、「まさに光り輝く太陽の花のような存在」で、「笑顔を一秒で作れる」〈アイドル〉らしい〈アイドル〉だったわけですが、それに対して、山口百恵は「笑顔とわかる表情に変化するまで十秒かかる」ほどで、「暗めの淳子」という印象しかありませんでした。

『スター誕生！』で準優勝した山口百恵はホリプロに所属することになりますが、社長の堀威夫にとっても、山口百恵は、あくまで桜田淳子の代わりでしかありませんでした[13]。堀は、番組の初代グランドチャンピオンの森昌子を獲得した後、桜田淳子に対してもスカウト活動をおこない、桜田本人と家族もホリプロ入りをほとんど決心していたそうです。しかし、番組が輩出する〈タレント〉がひとつのプロダクションに集中することに対して「配慮した」日本テレビ側が「強い行政的指導」をおこない、ホリプロは桜田淳子を取り逃してしまっていたのです（桜田淳子はサンミュージックに所属することになります）。

いずれにしろ、視聴者がその誕生に立ち会い、また、その始まりについて関係者の証言も多く残されていることが、『スター誕生！』というオーディション番組から生まれた〈アイドル〉の山口百恵のひとつの特徴となっています。

しかし、当の山口百恵自身にとって、〈アイドル〉としての誕生はどのようなものだったのでしょうか。

蒼い時

山口百恵は、引退直前に、自叙伝『蒼い時』（集英社、一九八〇年）を出版しており、同書は二〇〇万部を超えるベストセラーになりました。それによれば、『スター誕生！』では、「自分で予想していたよりもはるかに順調に」勝ち抜き、テレビで放送される予選大会への出場が決まったということです。しかし、いざ出場していわれたのが、先の阿久悠の、「歌は諦めた方がいい」ということばでした（それにしても、中学生の女の子に対しては辛辣なことばです）。こうして、それまでの自信も木っ端みじんに砕かれてしまいます。それでもなお、決勝大会では、さすがに緊張していたとはいえ、「自信があったわけではないのに、合格するだろうということは信じていた」そうです。結果的に、準優勝を収め、二〇社からの指名を受けたときの心境を次のように山口百恵は振り返っています（この番組では、会場にいる事務所やレコード会社の担当者がプラカードを掲げることで、獲得の意思表示を示すことになっていました）。

思った通り、十何社かのプラカードが音もなく上った。それまで見ていたテレビでは、この瞬間、ほとんどの人が両手で顔をおおって泣く。私も、そうなるかもしれないと、半ば期待感を抱いていたが、意に反して涙は一滴も流れなかった。

何故、あの時、合格できると思えたのか、今もって不思議でならない。目に見えない天啓だったのか、単純な自己暗示だったのか、とにかく発表を聞く前に、私は歌手になれることをはっきりと確信していたのである。(14)

泣くかもしれないとの予感や期待は裏切られたわけですが、それは、合格することをすでに確信していたからだったわけです。合格するという未来が、あたかも過去のことのように予見されていた、あるいは現在のことが、あたかも未来から振り返られているかのように経験されていたわけです。

山口百恵の〈アイドル〉としての誕生に立ち会った人たちの証言について、成功した後から振り返って、それを過去に後ろ向きに投射している面もあるといいましたが、山口百恵本人にもそのようなところがあったようです。過去と未来、始まりと終わりの交差を本人が経験していたわけです。
『蒼い時』に「予見」と題された断想があります。そこでは、来るはずのない知人の訪問をあらかじめ映像として直感していたことが語られています。そのほかにも、次のような経験があげられています。

第六感とよく言うが、私の場合、それが現実に的中したということが少なくない。横須賀に住んでいた頃、母に頼まれ使いに出た帰り道、何気なくドブ川のふちに寄って歩いていた。右側のサンダルをひっかけたわけでもないのに、はずみで川の中に落とした。泣きそうな私を見て、通りすがりの中年男性が、川の中に入ってサンダルを拾ってくれた。ただそれだけの出来事を、事がおこる数分前に私の頭は画像としてとらえていた。
夢が現実となった例も少なくない。初めて来たはずの街や路のどこに何があって、何軒目に何の店があって……。様々な瞬間をとらえると、私の頭の中で台本を作っておいて、その登場人物に現実という世界で台本どおりのことばをかける、すると何故だか、台本どおりの答が返ってくる。私は楽しい思いと、うす気味悪い思いを何度か交互に味わっていた。(15)

人生の一大事を決定する際にも、このような「直感」や「予知能力」「第六感」に頼ることになります。実際、結婚や引退を決断したのも、この「直感」によってなのでした。

彼から正式に結婚を申し込まれ、その後、仕事をどうするかという話になったとき、私は結論を伝えた。私は直感に従った。昔から自分の直感を信じ切ってしまうことに、不安は抱いていなかった。[16]

これらの経験に共通しているのは既視感(デジャヴュ)です。未来をあたかも過去のことのように予見し、現在を未来から振り返っているかのように経験しているということです。このような、終わりから見た始まり、始まりにはらまれていた終わりというかたちでの、始まりと終わりの交差こそが、山口百恵の人生を特徴づけるものであり、『蒼い時』の主題にほかなりません。『蒼い時』というタイトル自体がこのような時間の交差をあらわしたものです。「青」ではなく「蒼」を選んだ理由として、山口百恵は次のような経験を語っています。あるとき、夜明けまで眠れず窓越しに外を眺めていたのですが、その情景をあらわすのが、彼女にとっては、「青」ではなく、「蒼」以外ではありえなかったというのです。このような夜の終わりと朝の始まりが接するときは、フランス語で「l'heure bleue(ブルー・アワー)」といわれますが、この一瞬の、冷めた濃い青をあらわすのが「蒼」だったわけです。それはまさに、始まりと終わりが交差する瞬間にほかなりません。

一日の出来事の終点であり、また新たなる一日の始まる時である。[17]

終わりが始まりであり、始まりが終わりである瞬間が、「蒼い時」なのです。

とはいえ、山口百恵のキャリアで際立っているのは、あくまで「終わり」のほうです。そもそも自叙伝を執筆したのも、「芸能人・山口百恵としてではなく、一人の生活人・山口百恵のひとつの終点にしたいという」気持ちからのことであり、「これまでの人生を終結させる」[18]ためでした。

ここには、「終わり」に対する強い意志がよくあらわれています。歌手、〈アイドル〉としての引退が「芸能人」としての終わりというのであれば、まったく理解できます。しかし、彼女は、それを、「芸能人」ではなく「生活人」としての終わり、そして、それまでの「人生」を終わらせるとまでいっているのです。このような強い意志、覚悟をもって引退を決断したわけです。

実際、山口百恵が現在にいたるまでもっとも強い印象を残しているのも、まさに「終わり」を迎える姿によってです。一九八〇年一〇月五日に日本武道館でおこなわれた引退記念コンサートで、最後の曲「さよならの向こう側」を歌い終わった後、マイクをステージに置き、立ち去っていく姿は、八〇年代のみならず、「昭和」を代表する一コマです。このようにきわめて潔く、みずからのキャリアにピリオドを打ったわけですが、その後も、本人の意思にかかわらず、たびたびワイドショーで取り上げられたり、復帰の可能性が取りざたされたりしてきました。しかしながら、いまのところ、一切、復帰をしていません。引退しても簡単に復帰したり、あるいは、「卒業」というよくわからない制度のおかげで、始まりと終わりがあいまいになっている現在の状況からすると、まったく例外的な身ぶりです。

このように見てくると、山口百恵のキャリアは、その始まりからつねに終わりがはらまれていたといえるかもしれません。

そして、彼女は、あらかじめ想定されていた終わりによって、キャリアにピリオドをみずから打ち、それ以降、姿をあらわさないことによって、いち〈アイドル〉を超え、伝説の〈アイドル〉となり、〈アイドル〉のひとつのモデルとなったのです。映画女優でも、グレタ・ガルボや原節子が、引退後、一切、公の場から姿を消すことで伝説となりました。

この山口百恵と入れ替わるように登場してきたのが松田聖子だったのです。

いまや伝説的な〈アイドル〉であり、〈アイドル〉のモデルとなっている松田聖子ですが、それは、山口百恵とは対照的に、「終わらないこと」によってにほかなりません。[19]デビュー三五年を迎え、結婚、出産、離婚、不倫などを経、それらと関係して、あるいは無関係に、何度も浮き沈みを経験しながらも、いまだに第一線で活躍しています。現に年末の『NHK紅白歌合戦』(NHK、一九五一年―、以下『紅白』)では、二〇一四年、一五年と二年連続で大トリを務めました。そして、彼女が活躍し続けることで、山口百恵の存在も逆に際立つことになります。

一九八〇年という年が〈アイドル〉を考えるうえで画期となるのは、このようなふたりの対照性――相乗効果といえるかもしれませんが――によってのことなのです。

アイドルのふたつのモデル

このようなふたりの対比を明快に描き出したのが、心理学者の小倉千加子が一九八九年に出版した『松田聖子論』(飛鳥新社)です。[20]タイトルには、「松田聖子」としか記されていませんが、山口百恵に関してもくわしく論じられており、ふたりを対比・比較した好著です。

この著作は、ふたりのディスコグラフィやその歌詞をテクスト論的に分析し、そこで描き出されている記号としての「松田聖子」と「山口百恵」を析出しています。そして、そこから、ふたりのキャリアが交差した一九八〇年を分水嶺とした女性の生き方、さらに日本社会の変化があざやかに論じられています。

その分析によれば、記号としての「松田聖子」が住んでいるのは、「翼の生えたブーツ」を履いて、現実の生活から遊離した、水辺や高原のリゾート、都会の街、そして、異国や虚構の国など、まさに一九八〇年代的な、ポストモダンの消費社会です。それに対して、「ズドン」と地に足の着いた「山口百恵」は、恋愛を主題としたビルドゥングスロマン、つまり恋愛が結婚へとつながっていく近代的な成長物語の主人公です。

このように対照的な個性がもっともはっきりあらわれてくるのは、結婚に対する態度です。小倉はそれぞれを「とめどなく増殖する円」と「同心円」と評しています。

松田聖子は、結婚、そして出産後も、〈アイドル〉や歌手に復帰するだけでなく、仕事の範囲をさらに広げていき、〈タレント〉、妻、母、実業家（一九八八年に「フローレスセイコ」というお店を自由が丘にオープンしています）と、いくつもの活動のあいだを自由に行き来します。このような「職業的達成も自己の一パーセントをも捨てずに、女のいくつもの幸せを生きる」松田聖子の生き方は、「オーソドックスにわがまま」と呼べるものです。

それに対して、山口百恵にとって、〈タレント〉としての生き方は、「生活人」としての生き方を飾ることで演じられる仮の姿でしかなく、「生活人」に戻るには、〈タレント〉の虚飾を拭いさる必要があります。そのため、きっぱりと〈アイドル〉や芸能界から身を引くことになったのです。このような決断を山口百恵はみずから「わがまま」と評したのですが、それは、松田聖子の「わがまま」とは対照的に、「パラドキシカル（逆説的）」なものです。「男は仕事、女は家庭」という伝統的な価値観からすれば、結婚を契機に引退するという決断を「わがまま」と呼ぶ必要はなかったはずです。それにもかかわらず、当時のトップアイドルやトップタレントが引退を選んだのは、多くの人の期待に反して、伝統的な価値観に従ったという意味で、自分本位でわがままであり、それゆえ「パラドキシカル」なわけです。引退の決断をこのように形容させたのが一九八〇年代であり、八〇年という年はまさに分水嶺となっているわけです。

「終わること」と「終わらないこと」という対照性は、このような山口百恵＝「同心円」、松田聖子＝「とめどなく増殖する円」という図式を別の観点から言い表したものです。つまり中心がひとつしかない同心円では、〈アイドル〉としてのキャリアを終わらせることでしか、結婚し、生活人へと戻っていけないのに対して、中心がいくつもある複数の円の場合、たとえ結婚しても、それは新たな円がひとつ増え、次々と中心をずらしていくだけのことで、キャリアに終止符を打つ必要はないわけです。

そして、このふたりがただの〈アイドル〉ではなく、伝説の〈アイドル〉であり、〈アイドル〉のモデルであるのは、ふたりの「終わり」に対するこのような対照的な態度のためです。山口百恵はきっぱりと引退し、姿を完全に消してしまうことで〈アイドル〉のモデルとなったのであり、逆に、松田聖子は、さまざまなスキャンダルに見舞われながらもしぶとく活躍し続けることで、同じく〈アイドル〉のモデルなのです。言い換えれば、一方は終わること（山口百恵）、他方は終わらないこと（松田聖子）によって、伝説となり、モデルとなるわけです。しかしそれはまた、「終わること」も「終わらないこと」も、ともに〈アイドル〉を定義する「若さ」を維持するものだからにほかなりません。引退し、それ以降、表舞台に姿をあらわさないことで、若い姿のままで記憶されることになります。また、逆に、現役で活躍し続けるということによっても若さは表現されます。その意味でも、「終わること」と「終わらないこと」というのは〈アイドル〉のふたつのモデルなのです。

山口百恵と松田聖子について、「終わり」や「終わらないこと」を強調しているのは、それが偶然にも一九八〇年という節目の年に重なり合っているからだけではなく、現在の〈アイドル〉を考えるうえでも欠かせないからです。

先に竹内義和の「清純少女歌手」という〈アイドル〉の定義を見ましたが、松田聖子が登場していなければ、現在のアイドルブームはそもそもなかったかもしれません。そして、山口百恵の存在がなければ、松田聖子の〈アイドル〉らしさが際立つことも、確立されることもなかったかもしれません。それだけでなく、現在のアイドルグループの隆盛もなかったかもしれません。なぜならふたりが体現している「終わり」に対する異なった態度や矛盾というアイドルのモデルを一挙に解決するものとして現在のアイドルグループは存在しているといえるからです。「終わり」つつ「終わらない」こと、「終わらない」ままに「終わらせること」、「終わること」と「終わらないこと」を矛盾なく両立させるのが、アイドルグループという枠組みなのです。その意味でこそ、山口百恵と松田聖子は〈アイドル〉のモデルと考えられるわけです。

アイドルグループと「卒業」

終わること／終わらないことの解決をよくあらわしているのが、「卒業」という制度です。ＡＫＢでは、「卒業」が恒例行事になりつつありますし、モーニング娘。も一九九七年の結成以来、毎年のようにメンバーの卒業と加入を繰り返しています（メンバーの入れ替えがなかったのは二〇〇八年だけです）。ＡＫＢやモーニング娘。といった大所帯のアイドルグループだけでなく、現在のところメンバーが固定されているももいろクローバーに「Ｚ」がついたのも、メンバーのひとり（早見あかり）が卒業＝脱退したまさにその日のことでしたし、Negicco のようなローカルアイドル、いわゆる「ロコドル」ではよくあることです。

この卒業制度とともに注目すべきなのが、大所帯のアイドルグループでは、「第〇〇期生」というかたちでメンバーの世代が示されることです。先に松田聖子が一九八〇年にデビューしたことを確認しましたが、小泉今日子や中森明菜らが「花の八二年組」と称されるように、昭和の〈アイドル〉が西暦と連動していたのと「第〇〇期生」という表現は対照的です。これは、昭和の〈アイドル〉が芸能界や〈アイドル〉界の外にある社会の時間と同期していたということです。それが、現在のアイドルグループは社会の時間とは同期しなくなり、自分たちの独自の歴史のなかで世代を刻むようになったわけです。このような非同期化は、オーディションが毎週おこなわれ、メンバーに会員番号が与えられていったおニャン子クラブ以来のことです。それ以前の〈アイドル〉は、同期の〈アイドル〉仲間たちとデビューし、デビュー後も、演歌歌手も登場するような歌番組に毎週、出演することで、社会の時間と同期していました。それに対して、おニャン子クラブはみずからのレギュラー番組を中心として活動することで、自分たちの世界に閉じていったわけです。そして、八〇年代の終わりとともに、それまで〈アイドル〉に活躍する場を提供していた歌番組もテレビから消えていき、アイドルが社会の時間と同期する機会もますます失われていきます。

このように独自のルールに従って「卒業」や「オーディション」をおこなうことで世代を更新していくことは、ソフトウェアの世界と似ています。アイドルグループは、「卒業」という制度を組み込み、「終わること」と「終わらないこと」を両立させることで、ヴァージョンアップや更新をおこなっているわけです。

このような制度が、アイドルグループが成功を収めている大きな要因にほかなりません。言い換えれば、グループであることにこそ成功の秘密があるのです。

これまで、アイドルグループについては、「ひとり立ちできるほどではない、中途半端なアイドル予備軍を十把一絡げにしてデビューさせただけ」とか、逆に、「グループのおかげで、メンバーの誰かに興味を持つことができ、ファン獲得の間口を広げられる」などといわれてきました。

しかし、グループであることにはより積極的な理由があり、そして、それは〈アイドル〉の本質に関わっているというのが、ここでの主張です。先に、とにかく前向きという未来志向が〈アイドル〉を特徴づけるのではないかといいましたが、グループという枠組みは「若さ」というかたちでそれを実現しているのです。つまり、グループであるからこそ成功したのであり、グループであるからこそ、〈アイドル〉がひとつの文化とされるまでになったということです。

ここからは、グループであることの意味や機能をいくつかの面から検証していきますが、ひとまず、とを確認しておきたいと思います。

「終わること」と「終わらないこと」を両立させたアイドルグループのメリットとしては、アイデンティティを維持しながら更新することができ、それによって、ファンの出入りが可能になることがあります。グループの誰かに関心を持ってもらえるようにするだけでなく、時間軸上でも、ファン獲得の間口を広げることができるようになるのです。こうして、グループの寿命や賞味期限が延びることになります。それを長らく実現してきたのが、ジャニーズ事務所の〈アイドル〉たちです。それは、SMAPや嵐のような、デビュー二五年、一五年を超えるような個々のグループだけでなく、「ジャニーズ」というブランドそのものが、親子の共通の話題となり、世代間を結びつけていることによくあらわれています。

このようにグループとしてのアイデンティティが更新されることで、長く愛されるということは、野球やサッカーなどのチームに対する愛着と似ています。毎年の選手の引退や新人選手の獲得だけでなく、フリーエージェント制度やレンタル移籍、さらに、海外移籍など、選手がどんどん入れ替わっていく仕組みがプロスポーツのチームには備わっています。それによって、チーム編成が変わってしまい、応援している選手が去ってしまうこともあるでしょう。その結果、チームへの愛着を失ってしまうかもしれません。しかし、愛着を失ったとしてもその後も気になる存在であり続けたり、選手の入れ替わりなどお構いなしに同じチームを応援し続けるのもよくあることです。むしろ、このような所属選手の入れ替わりという仕組みによって、チームとしてのアイデンティティを維持しながらの新陳代謝が可能になり、チームへの愛着も更新され、人気が長続きする面もあるわけです。[21]

プロスポーツのチームと同様に、アイドルグループはまさにグループであることによって、「卒業」という制度を組み込み、メンバーを次々と入れ替えていくことで、「清純少女歌手」と定義される〈アイドル〉の「若さ」を維持していくことを可能にしているわけです。

「若さ」に関しては、先にも見た作詞家の阿久悠は、『スター誕生！』での選考基準として、「下手を選びましょう。それと若さ」と提案したそうです。それは、「上手そうにみえる完成品より、未熟でも、何か感じるところのあるひと」のことであり、「感じるところ」の理想形とは「鮮度」なのだともいっています。『スター誕生！』という番組は、このような「若さ」を求めて、毎週、オーディションを重ねていったわけですが、それが個人を発掘するものであるかぎり、その都度、ゼロからやり直さなければなりません。それによって、国民的と称されるような特権的な〈アイドル〉が誕生したという面もあるでしょう。しかし、いわゆるアタリ／ハズレの振れ幅が大きくなり、アイドルを発掘することとの継続性という点では問題があるともいえます。

それに対して、アイドルグループという仕組みは、若さを保つ秘薬のようなもので、永遠の〈アイドル〉という夢を叶えることになるかもしれません。

永遠の〈アイドル〉などもちろん不可能な理想や幻想にすぎないでしょうが、それでも理想として求められていることは否定できないように思います。それを体現しているのは、結成二〇年を迎えようとしているモーニング娘。です。モーニング娘。は、メンバーの入れ替え、なかでも「ハロマゲドン」という悪名高い大変革から、低迷期を経験しながらも、第一線に復活してきました。モーニング娘。の紆余曲折の歩みは、別の観点からすれば、永遠の〈アイドル〉という理想の実現にもっとも近づいているということになるでしょう。同様のことは、各地に拠点を作りながら定着し、絶えず新たな人材を取り入れているAKBグループにも当てはまります。とくに、『AKB0048』（テレビ神奈川ほか、第一期は二〇一二年、第二期は二〇一三年）というアニメではすでに、このような理想がもっとも端的なかたちで実現しています。この作品は、芸能活動が非合法化された近未来を舞台にしていますが、その世界では、「一四代目前田敦子」や「九代目大島優子」が登場するなど、「AKB48」のメンバー名を継承していく名跡襲名制度が実現されています。

こうして、「終わること」と「終わらない」ことによって特徴づけられるふたつのアイドルのモデルを矛盾なく成立させている点で、アイドルグループこそが、もっとも〈アイドル〉的なわけです。言い換えれば、「終わること」によっても「終わらないこと」によっても、〈アイドル〉の本質である「若さ」は維持されるわけですが、「終わること」「終わらないこと」を両立させるグループという枠組みは、まさに〈アイドル〉の〈アイドル〉性を確保する仕組みなのです。

本書では、このような〈アイドル〉という特異なメディア的形象、そして、〈アイドル〉を中心として形成されるメディア文化について考えていきますが、考察の中心になるのは、グループという仕組みの意味や働きです。この仕組みは、「終わること」と「終わらないこと」という〈アイドル〉のモデルを矛盾なく成立させ、永遠の「若さ」、永遠の〈アイドル〉という理想を実現する（かもしれない）ものであるわけですが、それだけでなく、より実践的で具体的な効果も持っています。この点について、いくつかの角度からアプローチしていきたいと思います。まずは、〈アイドル〉がメディア論的にどのように位置づけられるかを考えてみることにしましょう。

注

（1）竹内義和『清純少女歌手の研究――アイドル文化論』青心社、一九八七年、一〇ページ
（2）中川右介『山口百恵――赤と青とイミテーション・ゴールドと』朝日文庫、二〇一二年、八〇ページ
（3）酒井政利『アイドルの素顔――私が育てたスターたち』河出書房新社、二〇〇一年、五〇ページ
（4）同上、七〇ページ
（5）竹内義和と同世代の中森明夫は、『アイドルにっぽん』（新潮社、二〇〇七年）で、南沙織を「国産アイドル第一号」としている。
（6）阿久悠『夢を食った男たち――「スター誕生」と歌謡曲黄金の70年代』文春文庫、二〇〇七年、一三六ページ
（7）前掲『アイドルの素顔』二三ページ
（8）酒井政利『プロデューサー――音楽シーンを駆け抜けて』時事通信社、二〇〇二年、一五〇ページ
（9）池田文雄『テレビ人生！「そんなわけで!!」録――日本テレビ人気番組「スター誕生！」回想録』コアラブックス、一九八五年、八六ページ。前掲『山口百恵』五五ページからの引用。
（10）平岡正明著、四方田犬彦編集『完全版　山口百恵は菩薩である』講談社、二〇一五年
（11）山口百恵の所属事務所社長であった堀威夫の第一印象も、「当時流行のミニスカートからやや太めの足をのぞかせ、歌は決してうまくはないが、コロコロした感じの可愛らしい少女」（堀威夫『わが人生のホリプロ――いつだって青春』小学館文庫、二〇〇五年、二〇四ページ）というものだった。
（12）前掲『夢を食った男たち』八一ページ

(13) 前掲『わが人生のホリプロ』
(14) 山口百恵『蒼い時』集英社、一九八〇年、一三五―一三六ページ
(15) 同上、一一三ページ
(16) 同上
(17) 同上、二三四ページ
(18) 同上、二五九ページ
(19) このふたつのモデルを、ネガティブなかたちで、体現するのが、松田聖子が大トリを務めた『紅白』に数年ぶりに登場した中森明菜と、ポスト松田聖子を期待されながら、自死によってキャリアを終えた岡田有希子である。
(20) 二〇一二年に増補版として文庫化されている。小倉千加子『増補版 松田聖子論』朝日文庫、二〇一二年
(21) プロ野球チームに関する成功例の報告としては、藤井純一『監督・選手が変わってもなぜ強い?――北海道日本ハムファイターズのチーム戦略』(光文社新書、二〇一二年)が興味深い。

2　〈スター〉と〈タレント〉／ネオTV

メディア論的に〈アイドル〉を位置づけるにあたってまず参照すべきは、映画の〈スター〉やテレビの〈タレント〉です。

以前、筆者は別の本で、テレビのコンテンツ分析をし、ドキュメンタリー、ドラマ、バラエティ、スポーツといったジャンルが混淆していくあり様を明らかにしました。(1) それは、ニュースで伝えられる内容よりもそれを伝えるキャスター、ドラマの物語や役柄よりもそれを演じている〈タレント〉自身が前景化し、スポーツ中継でも、スポーツの試合内容よりも、〈タレント〉化した選手に注目が集まることになるというものでした。テレビというメディアでは、放送される内容が抽象的に伝えられるのではなく、人を介して伝えられることでメッセージはますます「人称化」していくわけです。言い換えれば、伝えられる内容＝情報よりも、伝えることそのもの＝コミュニケーションに重きが置かれるのです。これは、テレビだけでなく、メディア一般に見られる傾向です。

このようなテレビのあり方を指すのが、イタリアの記号学者で小説家でもあり、若い頃にテレビ局に勤めていたこともあるウンベルト・エーコによる「ネオTV（新しいテレビ）」という概念です。出来事を生で中継することが中心であった「パレオTV（旧いテレビ）」に対して、ネオTVとは、視聴者に伝えることそのもの、視聴者との「接触」に重きを置くようになったものです。それは、存在するだけで注目を浴びることができた幼年期を終えたテレビが、周囲の視線を集めるべく積極的に振る舞わなくてはならない時代になったということもできるでしょう。

もう少しくわしく見ていくと、エーコはパレオTV／ネオTVを次のように定義しています。

ネオTVの主要な特徴は、外部世界について語ることがますます少なくなっているということである（パレオTVはそうしていた、あるいはそうしている振りをしていた）。それが語るのはテレビ自身、人々とまさに築きつつある接触（コンタクト）である。それが語る内容や対象はさして重要ではない。(2)

ネオTVは世界の出来事を参照しなくなり、情報を伝達する透明な経路＝チャンネルではなくなるのです。つまり、「失われた透明性」というわけです。たとえば、パレオTVの典型であるニュース番組や中継番組でも、伝達する行為そのものが前景化し、情報の内容よりも演出効果が目立つようになり、ドラマやバラエティのようなフィクションとの差異があいまいになっていきます。こうして、視聴者の見たいものを映し出しながら、テレビというメディアそのものが姿をあらわすこと、自己主張し始めることを、「わたしはここにいる、わたしはわたしだ、わたしはあなただ」という標語でエーコはまとめています。ここで、「わたし」といわれているのは、メディアとしてのテレビのことです。

このようなメディアとしての透明性を失ったテレビを代表する、あるいは、テレビから透明性を失

U・エーコによるパレオTV／ネオTV

パレオTV（旧いテレビ）：透明な媒体として出来事を中継

ネオTV（新しいテレビ）：透明性を失いメディア性が前景化

わせるのが、〈タレント〉というメディア的形象です。

〈タレント〉の誕生

〈タレント〉の成り立ちをメディア論の観点から明らかにしたのが、メディア研究者の石田英敬と文学研究者の小松史生子が『古畑任三郎』（フジテレビ、一九九四年、九六年、九九年と三シーズンおよびそのほかにスペシャル版が放送されたミステリードラマシリーズ）についておこなった分析です。その分析では、〈タレント〉を中心としたテレビコミュニケーションのあり方が論じられ、「タレント場」という概念が提出されています。それによれば、〈タレント〉は、「〈役 character〉」に対する「〈俳優 actor〉」の前景化として定義されます。

テレビドラマにおける〈俳優 actor〉と〈役 character〉との関係から言えば、テレビ的コミュニケーションは、常に〈俳優 actor〉の現存を〈役 character〉発動の基部として前景化するのだ。いわば、楽屋裏との連続性が公認化されているわけで、タレントは常に、フィクションの物語の手前に既に現前してしまっている存在としてある。ここにおいて、タレントは役に成りきる映画の俳優術とは対極にあると言えよう。(3)

演じられる「〈役〉」が、物語世界に住まっているとすれば、演じるほうの「〈俳優〉」が住まっているのは、いわゆる芸能界です。石田らの分析では、この芸能界のことを、メディア論の観点から「タレント場」として捉え返しているのです。

『古畑任三郎』シリーズで、このような〈タレント〉性が際立つのは、古畑任三郎＝田村正和が、番組の冒頭や、犯人とのやり取りから事件の真相の確証を得た後に、周囲が暗転したなかで、視聴者に向けて直接語りかける場面においてです。このような視聴者に向けた視線や語りかけは、ドラマの演出や演技では通常禁じられています。しかし、このドラマシリーズでは、フィクションの世界の住人である「古畑任三郎」が、その世界を超えて、その世界の外から、視聴者に向けて謎解きを促しているわけです。このようなフィクション世界に対する過剰さこそが、〈タレント〉を特徴づけるものなのです。実際、このドラマ出演以降の田村正和は「古畑任三郎」をなぞるかのように振る舞っているようにも見え、フィクションの世界がそこを超えて現実を浸食していくことになります。

また、犯人役として登場するゲスト出演者たちについても、「〈役〉」のほうが「〈俳優〉」のイメージに合わせて造形されています。『古畑任三郎』のスペシャル版において本人役で出演する野球選手のイチローやSMAPのメンバーたちはいうまでもなく、第一シーズン第一話で自己破滅的な漫画家を演じる中森明菜や、第二シーズン第一話で弁の立つ弁護士を演じる明石家さんまなどの例もあげることができるでしょう。「〈俳優〉」が「〈役〉」の「手前に現前」することが許されているわけです。

このように、視聴者に直接語りかけたり、物語外の知識やゴシップ的なネタに訴えかけることで、視聴者とのあいだに複合的なコミュニケーションが打ち立てられているわけです。物語世界を超えてなされるコミュニケーションを担っているのは、物語世界内の人物である「〈役〉」ではなく、その世界を超えて生きる「〈俳優〉」、あるいは〈タレント〉なのです。

このようなコミュニケーションを実現する〈タレント〉は、きわめてテレビ的な存在であり、その〈タレント〉性が活かされるのはなにもドラマに限ったことではありません。

たとえば、ドキュメンタリー番組やニュース番組のキャスターに〈タレント〉や〈アイドル〉が起用されることがあります。その場合の〈タレント〉や〈アイドル〉に求められているのは、ふたつの「文脈化」を実現することです。(4) ひとつは、番組内で取り上げられるさまざまなトピックのあいだに登場し、それらをつなげていくことでひとつの番組へとまとめていく「時間的文脈化」です。もうひとつは、世間的になじみの存在であることで、番組と視聴者を結びつけ、番組を視聴者の生活の流れのなかに埋め込むという「空間的文脈化」です。このふたつの「文脈化」は、コミュニケーションとも言い換えられるものですが、「フロー」＝流れのメディアであるテレビを特徴づけるものにほかなりません。このコミュニケーション性を担っているかぎりで、〈タレント〉は、すぐれてテレビ的な存在なわけです。

このような〈タレント〉のコミュニケーション性を純化したかたちであらわしているのが「リアクション」であり、それを切り取って映し出すテレビ画面内の小窓の映像、いわゆるワイプ（コーナーワイプ）です。「リアクション」とワイプによって成立しているのは、情報はゼロの、感情のみからなる純粋なコミュニケーションです。視聴者と同じようにVTRを見て、同じように「リアクション」を取る〈タレント〉は、視聴者と同じ位置に立っているのであり、両者は同一化します。「リアクション（reaction）」において、テレビの理想的なコミュニケーションあるいは「関係性（relation）」が成立するわけです。

このようなネオTV化、あるいは〈タレント〉化は、サッカーのように広いフィールドでおこなわれ、つねに動きのある、もっともパレオTV的と思われるスポーツの中継においても見られるものです。サッカー中継は、エーコがパレオTVを考察した論文「偶然と筋」でも取り上げられているように、もっともパレオTV的な番組ですが、望遠レンズが使用されるようになる前は、選手たちの〈顔〉へのクローズアップは技術的に不可能でした。そのため、ピッチ上の選手はあくまで「アクション」をおこなう者であり、「リアクション」のほうは、スタジアムの観客たちがするものというかたちで分担がなされていました。それが、〈顔〉へのクローズアップが可能になることで、「アクション」をおこなう選手たちが「リアクション」も担うようになり、個々の選手の存在感が際立ってきます。すなわち、選手が〈タレント〉化することになるのです。

このように、〈タレント〉とは、コミュニケーション、さらに、それを純化させたリアクションによって特徴づけられるわけです。そして、このような特徴はテレビというメディアそのものの特徴にほかならず、その意味で、〈タレント〉はすぐれてテレビ的な形象なのです。

ネオTV化する八〇年代

このようなテレビ的な形象である〈タレント〉の典型が、お笑い〈タレント〉です。バラエティ番組に登場する彼らは、スタジオや舞台で笑いによって観客との関係を活気づけ、それを通してさらに、視聴者との関係を確立することを生業とする存在です。いまや、彼らの活躍の場は、バラエティ番組だけにとどまらず、ドラマ、スポーツ、さらにはニュースにいたるあらゆるジャンル、それも、朝から晩まで、あらゆる時間帯の番組にまで及んでいます。その意味で、お笑い〈タレント〉こそが、さまざまな境界を侵犯していくテレビというメディアの特徴をもっともよく体現しているのです。

このような〈タレント〉の誕生というかたちでテレビというメディアのネオTV化が決定的になったのは、一九八〇年代のことです。この時代を象徴するもののひとつがいわゆるトレンディドラマです。それは、もっとも〈タレント〉的な〈タレント〉である明石家さんまが、バラエティとドラマというジャンルを横断することで生まれたものでした。(5)

トレンディドラマとは、端的にいえば、バブルと称される一九八〇年代から九〇年代にかけての消費文化のまっただなかにあった東京を舞台として繰り広げられる、単身者たちの恋愛劇のことです。トレンディドラマの嚆矢とされる『男女7人』シリーズ(TBS)は、八六年に『夏物語』、翌八七年に『秋物語』の二作が放送されましたが、その物語は、三〇歳前後の男性三人と女性四人を中心にして展開していきます。このシリーズの「ウリ」は、恋愛物語の展開とならんで、明石家さんまと大竹しのぶによる軽妙な掛け合い——アドリブも多かったそうです——でした。

明石家さんまは一九八一年に放送が開始された『オレたちひょうきん族』(フジテレビ、一九八一—八八年)をはじめとしたお笑い番組の成功で全国的な人気を博し、『男女7人』放送前年の八五年には、NHKの「好きなタレント」調査でトップになっていました。ドラマに関しては、『男女7人』と同じく鎌田敏夫が脚本を担当した八〇年の『天皇の料理番』(TBS、一八一年)に出演しており、また八六年の正月には『男女7人』の制作を務めた武敬子による特番ドラマ『好色一代男――世之介の愛して愛して物語』（TBS）に主演するなど、『男女7人』へといたる流れが着々と準備されていました（ちなみに『天皇の料理番』は七九年に出版された杉森久英の小説が原作で、二〇一五年にも改めてドラマ化されました。一五年版で柄本佑が演じた「辰吉」にあたる役を八〇年版では明石家さんまが演じていますが、放送回数が多いこともあり、一五年版より、重要な役どころとなっています）。とくに、『好色一代男』で演じた廓遊びにふける役柄は、週刊誌やワイドショーなどで浮名を流していた明石家さんまの〈タレント〉イメージを積極的に活かしたものであり、『オレたちひょうきん族』などのバラエティ番組でしばしば自己パロディ化していたものです。また、『男女7人』で鎌田敏夫が脚本に起用されたのも、プロデューサーの武が、明石家さんまの関西弁を活かすべく「関西弁の書ける作家」を探していたからです。このように、『男女7人』は、バラエティ番組で活躍していた明石家さんまの〈タレント〉性を消したり、一新したりするのではなく、それを積極的に取り入れることを狙って構想されたドラマだったわけです。実際、プロデューサーの武の証言によれば、脚本の鎌田は出演者全員と個別に面接してから役柄を造形した結果、その役は、出演者たちが「気持ちが悪い」というほど、彼らに酷似したものでした(6)。つまり、役者が役になるのではなく、役のほうが役者に合わせられていたのです。

このように、ドラマとバラエティが混淆することで誕生したトレンディドラマはまた、メディア的には、映画の影響下からのテレビの独立を志向するものでもありました。端的にいえば、かつてのテレビドラマは、家で見られる無料の映画だったのであり、映画的な記憶に依拠していました。そのため、映画と同様に、ドラマはフィルムでの撮影が長らく続きました。このように映画的なものであったドラマに、もっともテレビ的なジャンルであるバラエティ番組から〈タレント〉たちが流入することで、トレンディドラマのようなテレビ的なドラマが取って代わっていったのです。さらに、『男女7人』からは、明石家さんまと大竹しのぶが共演し、主要スタッフが再結集して、『いこかもどろか』（生野慈朗監督、一九八八年）という映画も製作されました（ちなみに、続いて製作された『どっちもどっち』（生野慈朗監督、一九九〇年）で明石家さんまと共演したのは、松田聖子でした）。ここにも、映画とテレビの関係性の逆転がよくあらわれています（近年のテレビ番組から派生した映画の増加も、このような傾向の延長上にあるものです）。

このようなドラマのバラエティ化と同時代的な現象が、報道番組のバラエティ化です。まずあげなければならないのは、久米宏がキャスターを務めた『ニュースステーション』（テレビ朝日、一九八五―二〇〇四年）です。久米はもともとTBSのアナウンサーでしたが、ニュースなどの報道番組ではなく、『ザ・ベストテン』（TBS、一九七八―八九年。久米は、番組開始から八五年四月まで出演）や『ぴったしカン・カン』（TBS、一九七五―八五年。久米は、開始から八四年六月まで司会）といったバラエティ番組で知名度を上げ、その後TBSから独立しました。『ニュースステーション』が当初、モットーとしていたのも、「中学生でもわかるニュース」であり、お堅いものという従来のニュースのイメージの打破を目指していました。なかでも、八八年まで続いた「金曜版」は、バラエティ色を強く打ち出していました。『ニュースステーション』を放送したテレビ朝日は、そのほかにも、島田紳助がキャスターを務めた『サンデープロジェクト』（テレビ朝日、一九八九―二〇一〇年）や、現在も続いている『ビートたけしのTVタックル』（テレビ朝日、一九八九年―）のような番組を相次いで立ち上げました。これらの番組に、政治談義をプロレス化する『朝まで生テレビ!』(テレビ朝日、一九八七年—)を加えることもできるでしょう。

このように一九八〇年代の日本のテレビでは、バラエティ的なものやお笑い〈タレント〉がさまざまなジャンルに進出し、各ジャンルがバラエティ化していくというかたちでネオTV化が進んでいったわけです。

この〈タレント〉という存在の特徴をより明らかにするうえで参照しなくてはならないのが、映画というメディアが生み出す〈スター〉です。

映画の〈スター〉

映画の〈スター〉とはなにかについて、いちはやく分析を試みたのが、ドイツの批評家ジークフリート・クラカウアーです。クラカウアーは、舞台俳優と比較することで、映画俳優の特質を明らかにしようとしています。それによれば、舞台の俳優は、舞台と観客席のあいだにある距離のために、演技の細かい部分まで伝えるのが困難です。それを補うべく、俳優のメイクや身ぶりは過剰になり、声の抑揚は誇張されるなど、「不自然」なものにならざるをえません。

実際、舞台俳優の顔も身ぶりも「不自然」なものである。というのも、不自然でなければ、自然だという錯覚を生み出すことができないからである。[7]

舞台俳優は自然さをあらわすためにこそ、不自然さが必要になるのです。それに対して、映画の俳優は、このような演技法は避けなくてはなりません。というのも、映画では、演劇的な誇張は、たとえ些細なものであっても、スクリーンに大写しにされることで、不自然なものが一層、不自然になるからです。そのため、映画俳優に求められるのは、「あたかもまったく演技しておらず、生活しているところをカメラで撮られたかのように」していること、すなわち、「日常性（casualness）」となります。そこで重要なのが、「演劇的なメイクを剝ぎ落とし（中略）、肉体的な特徴と心理的な特徴、外的な動きと内的な変化のあいだの相互作用を顕わにする」ことです。たとえば、リアリズムを重視する映画で、演技経験のない素人が起用されることがあるのも、その気取らない容姿や振る舞いのためです。この観点からすると、職業的な俳優の特徴は、どんな状況でも「日常性」に適った演技ができることです。ハリウッドで確立された「スター・システム」はこの利点を体系的・制度的に活用するためのものです。

> ハリウッドは、スターを制度化することで、自然な魅力を、あたかも石油のようにして利用する手段を発見したのだ。(8)

しかし、〈スター〉が体現しているのは、素人俳優が担っているような、わたしたちの生活に根ざした現実感でもなければ、物語世界の役柄に適った真実味でもなく、それらとは隔絶した理想の姿にほかなりません。

典型的なハリウッドスターは、みずからと変わることのない、あるいは、ほとんど手を加えていない、お決まりの役柄を演じている点で――メイクや広報の専門家の力を借りながらのことだが――、非職業的な俳優に似ている。スクリーンで演じている現実的な人物によって、スターの存在が志向しているのは映画を超えたものである。スターが観客を感動させるのは、あれやこれやの役にふさわしいからではない。そうではなく、ある特定の人物――観客が現実だと信じている、あるいは、その現実と替わって欲しいと願うような、映画の外の世界に、演じている役柄とは独立して実在している人物――として存在すること、あるいはそのように見えることに適っているからなのだ。スターが演技力を発揮するとしても、それは、みずからがまさにそれである個人、あるいは、そのように思われている個人を映し出すためでしかない。(中略)晩年のハンフリー・ボガートは、船員を演じるのであろうと、私立探偵やナイトクラブの経営者を演じるのであろうと、一貫して、ハンフリー・ボガートに依拠していたのであった。(9)

観客は〈スター〉に対して理想的なイメージ――それが本当かどうかは別にして――を抱きます。俳優であるかぎりは物語世界の役柄を演じるわけですが、〈スター〉が体現しているのは、あくまで物語世界を超えて抱かれる理想的なイメージなのです。そして、そのイメージを裏切らないかぎりで、それを一種の天然資源として利用できるのです。物語世界で演じる役柄を超えた理想的なイメージによって、ただの俳優を超えた、〈スター〉が誕生するわけです。

このように、〈スター〉は、演じる役を超える過剰性によって、いち俳優ならざる〈スター〉になるわけですが、同様のことは、詩人・作家で映画理論家・評論家でもあるベラ・バラージュも、映画という視覚技術のもたらすインパクトを強調した『映画の理論』（一九四五年）で指摘しています。

役が変わるたびに、その名や衣裳や社会的地位は変わったが、しかし彼らの表現するのはいつも同じ人間、すなわち彼ら自身だった。というのは、彼らの演技の支配的要素は、彼らの肉体的外貌だったからである。彼らはつねに馴染み深い人物として、新しい映画に登場してきた。そして、役のマスクをかむるのは彼らではなかった。逆だった。役が前もって彼らの《体に合わせて裁たれた》のである。観客が愛したのは、彼らの俳優としての演技ではなく、彼ら自身、つまり彼らの個性の魅力にほかならなかったからである。[10]

役のほうが「体に合わせて裁たれた」のであり、個々の役や物語を超えてみずからを維持するのを許され、また、それを求められるのが〈スター〉だということです。

以上の議論からわかるのは、映画〈スター〉を特徴づけるのが、演じられる役と演じている俳優の二重性であり、役に対する俳優自身の前景化だということです。

このような特徴は、先に見たように、テレビ〈タレント〉についても同様にいえます。〈タレント〉がドラマに出演する際には、演じられる役に対して、それを演じる〈タレント〉が前景化してきました。それは映画〈スター〉の演じる役のほうが、その〈スター〉に合わせて「裁たれた」のと同じことです。

それでは、テレビの〈タレント〉と映画の〈スター〉の違いはどこにあるのでしょうか。それは、テレビの〈タレント〉がコミュニケーション的だということです。そして、この点は、テレビと映画というふたつのメディア的な違いにほかなりません。生放送や生中継などといった「生」がありえない映画で、コミュニケーションは原理的に不可能です。言い換えればテレビと映画というふたつのメディアの違いを考えるには、そこに含まれる時間性の違いに着目する必要があるのです。そして、違いだけではなく両メディアの共通点も考える必要があります。

続いては、この両メディアの違いと共通性について、時間性の観点から、メディアやテクノロジーの問題に着目した哲学者ベルナール・スティグレールの議論を参照しながら考察していくことにしましょう。

注

(1) 水島久光／西兼志『窓あるいは鏡――ネオTV的日常生活批判』慶應義塾大学出版会、二〇〇八年。各ジャンルの分析は、それぞれ以下の章でおこなった。「ヒロシマ――ネオTV時代のドキュメンタリー」「ドラマの「真実」――〈タレント〉・ドラマからコンテンツ・ドラマ」「日本のテレビの「世界」――「世界系」の番組から見たパレオTV／ネオTV」「テレビ＝サッカー――テレビ・コミュニケーションの〈基層〉」。

(2) ウンベルト・エーコ「TV――失われた透明性」西兼志訳、前掲『窓あるいは鏡』二一ページ

(3) 石田英敬／小松史生子「テレビドラマと記号支配――『古畑任三郎』シリーズをめぐって」石田英敬／小森陽一編『シリーズ言語態5　社会の言語態』東京大学出版会、二〇〇二年、七八ページ
(4) 西兼志「ヒロシマ――ネオTV時代のドキュメンタリー」、前掲『窓あるいは鏡』
(5) 西兼志「ドラマの「真実」――タレント・ドラマからコンテンツ・ドラマ」、前掲『窓あるいは鏡』
(6) 東京ニュース通信社『テレビドラマ全史――1953～1994』東京ニュース通信社、一九九四年、四五九ページ
(7) Siegfried Kracauer "Remarks on the actor," in *Theory of Film : The Redemption of Physical Reality*, Princeton University Press, 1997, p.94.
(8) *Ibid.*, p.99.
(9) *Ibid.*, pp.99－100.
(10) ベラ・バラージュ『映画の理論』佐々木基一訳、學藝書林、一九九二年、四〇一ページ

3　映画の時間とテレビの時間／メディアの現象学

ベルナール・スティグレールは現代フランスのもっとも重要な哲学者です。近年は、極右勢力の台頭などの政治状況についても積極的に発言するなど、さまざまなテーマを取り扱った数多くの著作をこれまでに発表しています。現在は、ポンピドゥー・センター内に設立された「リサーチ＆イノベーション研究所（Institut de recherche et d'innovation = IRI）」の所長を務めながら、デジタルテクノロジーによる生活や精神の管理に抗するための新たな可能性を開発する組織「Ars Industrialis」（http://www.arsindustrialis.org）などを通じて、国際的に活躍しています。二〇一〇年には、その活動の一環として、フランスのまさに中央に位置するエピヌイユ・ル・フルリエルに、哲学の学校を創立し、その講義を広く市民にも公開しています（http://pharmakon.fr/）。

スティグレールが哲学者として取り組んできた問題は、彼の職業的な歩みとまったく重なっています。それは、端的にいえば、技術と記憶の関係です。国際哲学コレージュのプログラムディレクター、コンピエーニュ工科大学教授を歴任後、「フランス国立図書館（ＢｎＦ）」、「国立視聴覚研究所（ＩＮＡ）」、「音響・音楽研究所（ＩＲＣＡＭ）」といったフランスを代表する文化施設で所長や副所長といった要職につき、書物、映像、音響のデジタル化やアーカイブ化の国家的プロジェクトで中核的な役割を担ってきました。このような実践的な活動のただなかで、スティグレールは独自の技術哲学を練り上げてきたのです。

このようなスティグレールの主著をなすのが『技術と時間』シリーズです。なかでも、その第二巻『方向喪失』と、第三巻『映画の時間と〈難 - 存在〉の問題』では映画、そしてテレビというメディアの問題に根本から取り組んでいます。

考察の出発点となるのは、「映画という記録は写真の延長である」という認識です。映画は、写真＝静止画像を一秒間に二四コマ（あるいは三〇コマ）映し出すことで、運動を再現するメディアであり、そのかぎりで写真の特徴を受け継いでいます。その特徴とは、「それは＝かつて＝あった」ということです。つまり、写真や映画では、被写体（＝「それ」）が、カメラのレンズの前に現に存在していた（＝「かつて＝あった」）ことを疑うことはできないということです。この点は、目の前にないものや、想像上のものでも描くことのできる絵画とくらべるなら、どれほど画期的なことだったかわかるでしょう。そして、「それは＝かつて＝あった」は、写真や映画では、写される対象の一瞬と、カメラによる撮影の一瞬が一致することに依拠しています。絵画では、被写体の一瞬が描かれるとしても、それを描くのは一瞬ではなく、なにがしかの時間がかかります。「それは＝かつて＝あった」構造によって、写真と映画は特有の「現実効果」を持つことになります。

このような写真的性質が「映画のふたつの根本原理」のうちのひとつとなります。第二巻『方向喪失』でとくに分析の俎上に載せられるのが、イタリアのフェデリコ・フェリーニ監督の『インテルビスタ』（一九八七年）という映画作品です。これはイタリアの映画撮影所「チネチッタ」の設立五〇周年を記念して製作されたもので、フェリーニもチネチッタで『甘い生活』（一九五九年）や『8 1

／2』（一九六三年）といった代表作を撮影しました。『インテルビスタ』では、新作を構想中のフェリーニのもとに日本人記者たちが取材に訪れたのをきっかけにして、みずからのキャリアやチネチッタの歩みが振り返られます。

この作品の中盤で、フェリーニと、『甘い生活』で主役を演じたマルチェロ・マストロヤンニが、共演した女優アニタ・エクバーグのもとを訪れ、三〇年近く前に撮影された『甘い生活』を一緒に見るという場面があります。『インテルビスタ』という虚実の入り交じった映画のなかで、かつて自分たちが撮影／出演した映画を見るわけです。それは自分たちのかつての姿、「それは＝かつて＝あった」と直面することにほかなりません。

この場面について、スティグレールは、「アニタを登場人物として見ることはできない。とはいえ、アニタを見ることができるのは、登場人物としてでしかない(1)」といいます。というのも、「それは、彼女なのだが、演じている（それは映画である）かぎり、彼女ではない。しかしながら、彼女は演じていない（それは実人生である(2)）」からです。「登場人物」＝「役」でありながら「彼女」自身＝「役者」であるという二重性が問題になっているわけですが、虚実がない交ぜになった『インテルビスタ』ではとくに、「役」に対して「役者」のほうが前景化してきます。

先に演劇との比較において、映画では、役に対してそれを演じる役者自身の姿が前景化してくることを確認しました。それは、映画がまずもって「写真の延長」だからであり、その「現実効果」のゆえなのです。

しかし、映画が写真の延長なのは、「ある程度まで」でしかありません。それは、映画が「時間対象」だからです。

「時間対象」としての映画

「時間対象」とは、時間の流れに沿って展開していくことで初めて存在するもののことです。あらゆるものは、時間の流れのなかにあるという意味で、時間的に存在しています。写真もそうですし、映画も同じです。しかし、写真に定着された一瞬はそのまま変化することはありませんが、映画の場合はコマが時間軸に沿って展開し流れていくことで初めて運動を再現します。そうして初めて映画として存在するようになります。

このように、流れとしての性質をそのものの内にはらんでいるのが「時間対象」です。「時間対象（Zeitobjekt）」の概念を提唱したのは、エドムント・フッサールという二〇世紀の初めに活躍した哲学者です。フッサールは、意識の本質がその時間的性質にこそあると主張し、それを「時間対象」と呼びました。たとえばメロディを考えてみると、個々の楽音がバラバラではメロディにはなりません。音と音が連鎖していき、流れとなることで初めてメロディになります。それと同じく、意識も一瞬一瞬がバラバラでは意識となりません。それぞれの一瞬が流れとしてつながり、連続体になって初めて意識となります。意識は、メロディと同じく、「時間対象」なわけです。そして、このような意識の流れとしての根本的な次元が、意識の「第一次層」とされます。それに対して、過去のことを思い出したり、未来のことを思い描いたりするといった意識の活動は「第二次層」のものとされます。

このような意識についての現象学的な分析に従うならば、映画をはじめとした、一九世紀のアナログメディアは、「時間対象」を産業的に生産するものということになります。これが、スティグレールが写真的性質に続いて指摘する映画のふたつめの性質です。

スティグレールが映画を論じるにあたって注目するのが、いわゆる「クレショフ効果」です。このクレショフ効果は一九二〇年代にソ連の映画理論家たちによって考えられたものです。クレショフ効果は、「モンタージュ」と「クローズアップ」という映像の編集と撮影の技法の効果を科学的に証明し、映画という表現技術の固有性を明らかにするとされました。映画誕生以前の表現手段は、写真にしろ、絵画にしろ、時間的に映像を連続させていくモンタージュだけでなく、対象物や被写体をスクリーンに大写しにして見せることも不可能でした。それが、映画では可能になるわけです。さらに、クローズアップで映し出された俳優の無表情の顔が、その前後にどのような映像をモンタージュによってつなぐかによって、異なった感情的意味を帯びるとされたのです。たとえば、つながれたのがスープの映像ならば、無表情だったはずの顔が「空腹」を感じているように見え、「子ども」「棺のなかの遺体」「女性」ならば、無表情な顔がそれぞれ「慈愛」「悲しみ」「欲望」をあらわすように見えるとされました。楽音の連鎖関係によってメロディがメロディとして成立したのと同じく、映画が映画として成立するのは、連続する一コマ一コマの映像、つまり、写真の連鎖関係によってであることを明らかにするものとして、スティグレールはこのクレショフ効果を取り上げています。

もっとも、現在では、このクレショフ効果を映画の原理とするのは難しいとされています。もともと、この効果を広く知らしめたのが、レフ・クレショフ自身ではなく、フセヴォロド・プドフキンという別の映画作家だったということもありますが、後におこなわれた再現実験でも、この効果そのものが否定されています。その意味で、クレショフ効果はひとつの隠喩として考えるべきものです。それは、映画的知覚を説明する網膜上の残像現象についても同様です。現代の認知科学によれば、映画やテレビのような動画において見てとられる運動は仮現運動と呼ばれます。それは、ある瞬間瞬間を切りとったにすぎない静止画であっても、相次ぐ静止画のあいだのイメージの変化具合が微小なとき、それが連続して映し出されると、現実のなめらかな運動として把握できるというものです。クレショフ効果は、このような認知レベルでの連続性に関わるものとして、ひとつの「隠喩」なのです。

クレショフ効果に注目したことの利点は、意識の問題からそのままに、メディアやテクノロジーの問題、そして、産業の問題を問うことを可能にしたことにあります。メロディを例として取り上げたフッサールも、映画ではなく、当時すでに発明されていたレコードというメディアを問題にすることができたはずですが、実際にはそうはしませんでした。それは、メロディや音楽があまりに人間的な現象だったからかもしれません。それに対して、映画は科学的で技術的、そして産業的なメディアであり、その根本に関係すると思われたクレショフ効果だからこそ、映画のような対象と意識の問題を論じるにあたっての媒介たりえたのです。こうして、映画の問題に正面から、そして、根本から取り組むことが可能になったわけです。

先に見たように、フッサールは、メロディを取り上げることで、時間意識の第二次層（想起／予期）に対する、第一次層（過去把持／未来予持）を明らかにしました。それを受けて、スティグレールが問題にするのは、意識の「第三次層」です。これは、端的にいえば、モノに定着された意識のことです。

意識の第一次／第二次／第三次層
第一次層：現在形でつねにすでに働いている過去把持／未来予持（E・フッサールの意識の現象学）
第二次層：過去／未来の出来事の想起／予期（意識的に思い出したり、予想したりすること）
第三次層：モノに定着＝外在化され、世代を形成するようになった意識（B・スティグレールのメディアの現象学）

そして、第一次層と第二次層が人間の「内」にあるのに対して、第三次層は人間の「外」にあり、意識が「外在化」されたものです。意識がモノ化され、外在化されるこの第三次層の利点は、意識や記憶が個々の人間を超えて継承できるようになることにあります。もし、この第三次層がなければ、誰かがなにかを思いついたり、斬新な考えをしたとしても、それらはその人の死とともに失われてしまい、なにも積み重なっていきません。しかしそれが、第三次層に託され、残されていくことで、後世に受け継がれ、蓄積していくことが可能になります。つまり、世代が刻まれていくことになります。

このようにして形成されてきた、すでに存在している第三次的な記憶にわたしたちはつねに遅れて参入していきます。わたしたちの外にある第三次層は、わたしたちの内にある第一次層と第二次層に先行し、すでにその環境となっているわけです。言い換えれば、モノ化・外在化された記憶を取り入れること、すなわち「内在化」することで、わたしたちの意識のなかにある記憶は作られていくのです。そして、次の世代が生まれ、育つのは、わたしたちが遺す第三次層を環境としてにほかなりません。

このようにモノ化された意識・記憶を介した「外在化」と「内在化」によって、遺伝的・生物的なものとは別の次元の大きな流れが形成されます。

これが「後生系統発生」と呼ばれるものです。それは、人が作ったものや獲得したものは後天的であるにもかかわらず独自の流れを形成し、後世に継承していくことが可能だということです（後天的に獲得されたものは、遺伝的なレベルでは通常は継承されていきません）。そして、それこそが、遺伝という生物学的な仕組みに縛られた他の種に対する、人間の強みにほかなりません。

映画もまた、このような第三次層を形成するものです。

写真についても同じですが、映画は産業的時間対象でした。このような映画のメディア的特性から生まれる効果について、とくに『インテルビスタ』に関して、スティグレールは次のようにいいます。

『インテルビスタ』の特異性は、間もなく死に行くだろうということが見てとられる役者を見せることにある。(3)

まもなく死に行くだろうということは、『インテルビスタ』が、『甘い生活』から三〇歳も年齢を重ねた彼らの姿を見せているからだけではありませんし、また、その後、フェリーニ、マストロヤンニ、エクバーグが亡くなってしまったことをわたしたちが知っているからだけでもありません。そうではなく、映画が時間対象であるがゆえのことなのです。映画は、写真と同じく、「それは＝かつて＝あった」という過去を映し出します。しかし、時間対象である映画は、単なる「過去（passé）」ではなく「過ぎ去り（passage）」という流れを見る者に突きつけます。映画に映し出されたものは、単に過ぎ去ったものなのではなく、まさにわたしたちの眼前で、現在形で過ぎ去っていくのです。この意味で、過ぎ去りはつねに現在なわけです。それが、写真のように「一瞬」ではなく、「過ぎ去り」を定着させる映画というメディアの特性なのです。

そして、それは、映画という過ぎ去りを通じて、写されているものの過去の過ぎ去りと、それを見ているわたしたちの現在の過ぎ去りが一致し同期するということでもあります。

写真は見られずとも、写真として存在することはできますが、映画はそうはいきません。見られること、すなわち、見る者の意識の流れと同期しないかぎり、映画としては――フィルムというモノとしては存在できますが――存在できないのです。それが時間対象だということです。

虚実がない交ぜになった『インテルビスタ』では、登場人物と女優自身、役と役者の二重性がとくに強調されることを指摘しましたが、さらにもうひとつの二重性を指摘できるでしょう。それは、過去と現在の過ぎ去りの二重性です。つまり、『インテルビスタ』という映画のなかで『甘い生活』を見るアニタ・エクバーグは、過去の生き生きした現在がまさに目の前で過ぎ去っていくのを見ているわけですが、それはまた同時に、『インテルビスタ』という映画を見るわたしたちもまた過ぎ去っていく者であることを突きつけているのです。

このような映画という第三次層における過ぎ去りと、わたしたちの意識の過ぎ去りの一致こそが、過去と現在のあいだの写真的な一致に加わる、映画のもうひとつの根本原理にほかなりません。

> もうひとつは、映画の流れと、その映画の観客の意識の流れの一致である。音声の流れがつなぎ合わす、写真的な停止《ポーズ》のあいだで生み出される運動の働きによって、映画の時間の、観客の意識

> の時間による全面的な取り込みの仕組みが起動する。意識は、それ自身が流れであるため、映像の運動によって魅了され「導かれる」のだ。この運動が、あらゆる観客に宿る物語欲望を備給されることで、映画的**感動**に典型的な**意識の運動**を解放するのである。[4]

同じく、過ぎ去っていく時間対象であるために、見る者の意識は、映画と同期＝共時化し、映画を取り込み、映画に取り込まれることになるわけです。時間対象を産業的に生み出す映画以降の文化産業の力はこのようにして発揮されるのです。

映画は、写真と同じく、過去と現在を一致させます。しかし、写真とは異なり、映画は、見る者の意識の流れと現在形で一致します。前者を「写真的一致」、後者を「映画的一致」と呼ぶことにしましょう。これらが映画のふたつの根本原理だということが、映画の現象学が導き出すことです。

このような映画というメディアの分析から、テレビというメディアについてはどのようなことがいえるでしょうか。

テレビの時間

映画が写真の延長とされたのと同じように、テレビは映画の延長といえるものです。というのも、映画もテレビも音声をともなった動画という時間対象を生み出すメディアであり、そのかぎりでテレビも「映画的一致」をその根本原理としているからです。しかし、テレビは新たな一致をつけ加えます。

テレビは、電波による中継テクノロジーとして、映画を規定するこのふたつの一致に、生《なま》、すなわち、カメラによる把捉と、テレビ受像器を通した、視聴者による受容の時間との一致、そして、同じプログラムを観る膨大な数の意識の時間の一致を付け加える。(5)

テレビでは、リアルタイムでの中継＝「生」が可能になることで、映し出される出来事の時間と、それを視聴する時間が一致します。それとともに、このように「生」で中継される出来事の視聴を介して、人々の意識が大規模に同期＝一致することになります。サッカーワールドカップやオリンピックのような世界的なイベントは、その顕著な例です。そして、このようなリアルタイムでの大規模な一致を可能にする「フロー」のメディアとしてのテレビの時間の流れは、映画の場合とは異なり、日常の生活の流れと重なり合います。テレビは、単なる時間対象ではなく、「超巨大時間対象《メガ》」を産出するのです。テレビ番組というプログラムは、チャンネルという「水路（channel）」を通じて、多くの人々の意識へと注ぎ込まれていくわけです。

また、ここからわかるのは、マスメディアやマスコミュニケーションといわれますが、対象としてのマス（大衆＝塊）がそれぞれのメディアと無関係にあらかじめ存在しているのではないということです。そうではなく、それぞれのメディアがそれぞれに対応したマスを生み出すと考えるべきなのです。つまり新聞には新聞に対応したマスが、映画には映画に対応したマスが、そして、テレビにはテレビに対応したマスが存在するのです。(6)

メディアの現象学と三つの一致
写真的一致：出来事の時間＝ポーズ（静止したもの）とメディアの時間のあいだの一致
映画的一致：メディアの時間＝流れと観客の意識の時間＝流れのあいだの一致
テレビ的一致：出来事の時間＝流れと視聴者の意識の時間＝流れのあいだのリアルタイムでの一致

このような出来事とその受容の一致、そして、受容同士のリアルタイムでの大規模な一致を、「テレビ的一致」と呼ぶことにしましょう。

このような一致に特徴づけられるメディアとしてのテレビに、映画の根本原理が当てはまるのは、映画にとっての写真の場合と同様に、「ある程度まで」でしかありません。というのも、リアルタイムという出来事とその受容の一致によって、映画の根本原理のひとつである「写真的一致」が揺らぐからです。

このようなテレビ的な一致がもたらす変化に関して、スティグレールはポストプロダクション＝編集（撮影終了後におこなわれる作業）の時間について指摘をしています。

この把捉と受容の一致（中略）によって、映画におけるポストプロダクションの時間が一部、抹消されるように思われる。しかし、実際は、テレビはこの時間なきものにするわけではなく、隠してしまうのだ。それはこの時間を他の三つの一致と一致させるからである。それは、ビデオによる調整の時間となり、何百万もの意識がその流出を一致させ、第二次過去把持を均質化し、第三次的選択の産業的基準——それ自身、さまざまなチャンネル（しかし、同じ視聴率計算によるものであり、他の基準を有しているチャンネルはない）によって画一的に「調整され」、行使されたものだ――に屈するようになる。(7)

先に見たウンベルト・エーコも、中継に関して、偶然と筋のあいだの緊張関係に位置するディレクターの役割に注目しました。たしかに、テレビにおいても、映画とは異なるとはいえ、ポストプロダクションの時間は「抹消」されたわけではなく、「隠」されているだけです。出来事とその受容（視聴）のあいだでおこなわれるポストプロダクションの時間がテレビ的一致に「屈する」、一致するわけです。

ここで確認しておかなければならないのは、このようなテレビ的一致、すなわちリアルタイム性によって、写真的一致である「それは＝かつて＝あった」がもはやたしかなものでなくなるということです。テレビとは「ただの現在にすぎない」わけです。

スティグレールがこの点をとくに論じているのは、『技術と時間』シリーズの第二巻『方向喪失』においてです。そこでは、情報社会の起源（世界初の通信社であるアヴァスが創立されたときだとされています）について論じられていますが、社会の情報化、あるいは情報の産業化の起源は、情報の価値が時間と結びついており、他人より先に手に入れることによってのみ情報が価値を持つことの発見にあります。このような情報にとっての理想は、一瞬の遅れもないリアルタイム性、「光‐時間」です。それを可能にするのは、人間的な速度を超えた情報のやり取りを実現するネットワークです。一九世紀の通信社は、鉄道、そして、電信というネットワークを活用しました。テレビはこのようなネットワークを前提とした技術であり、それによって、「生」が可能になるわけです。この点で、写真やレコード、あるいは、映画といった一九世紀的なメディアとテレビは大きく異なっています。そして、デジタルのネットワークはさらに一層、「光－時間」に近づき、もはや現在では、テレビは遅いメディアでしかありません。

このように、遅れをなくし、リアルタイム、「光－時間」に近づいていくことが、メディアの趨勢であり、その力の源泉ともなるのです。

しかし、このようなリアルタイム性は、歴史家のピエール・ノラや、メディア・イベント論が指摘するように、歴史、言い換えれば、出来事が出来事として記録される条件を根本的に変更するものです。それは、端的にいうなら、「歴史」と「ニュース」の違いです。

一八六三年五月一日にフランス軍がメキシコに侵入したとき、そのニュースがパリに届くまで六週間かかった。帝国全体、そして特にナポレオン三世にとって無視できない出来事が、期待されたほどの重要性を持たなかった。三十日も前のニュースは、もはやニュース＝新しいものでなく、既にいくぶんフィクションがかった歴史でしかない。一般に、アメリカはあまりに遠くに思われ、ヨーロッパの普通の人にとって、野蛮人が住む神秘の国でしかなかった。一八六六年にグレート・イースタン号が最初の大西洋横断ケーブルを敷設したとき、ヨーロッパは、それまでは大部分の人にとっては夢見られるだけの大陸——そして、市場——を実効的なものとして発見した。それは「旧大陸」の衰退の始まりでなかっただろうか？　その偉大さは、伝達における本質的な

遅れの上に築かれていたのではないだろうか?(8)

リアルタイムのメディアが「ニュース」を生み出すのに対して、遅れをともなったメディアが生み出すのは、「歴史」であり、フィクションがかったという意味では、「伝説」だというわけです。

こうして、リアルタイムのネットワークによって新たな価値が創出されることになります。しかし、リアルタイムが求められるからといって、遅いことや遅れにはマイナス面しかないわけではありません。むしろ、遅いことによってこそ可能になる価値もあります。「遅い」ものである歴史にしろ、伝説にしろ、ニュースとはまた別の価値を持っています。それは「古典」と呼ばれるもののすべてに当てはまることです。

スティグレールによるメディアの現象学を、映画とテレビを中心に手短にまとめるなら、以上のようになるでしょう。それによって明らかになったメディアの性質は、〈スター〉、そして、〈タレント〉というメディア的な形象に関わるものであり、わたしたちの本題である〈アイドル〉とはなにかを明らかにしてくれるものでもあります。

〈スター〉の時間/〈タレント〉の時間

先に見たように、映画を規定するのは、過去と現在のあいだの「写真的一致」と、映画と意識というふたつの流れや過ぎ去りのあいだにおける「映画的一致」でした。そして、これらの一致を、『インテルビスタ』という映画で身をもって示していたのは、アニタ・エクバーグという映画〈スター〉

なのでした。その意味でいえば、スティグレールの映画の現象学は〈スター〉の現象学でもあるわけです。

先にもいいましたが、『インテルビスタ』は、チネチッタの五〇周年を記念し、イタリア映画の古き良き時代を振り返る作品です。たしかに、登場しているフェリーニやマストロヤンニ、エクバーグが重ねてきた年齢と、『甘い生活』のなかのマストロヤンニとエクバーグの若い姿との落差によって、否が応でも老いや死の雰囲気が色濃く漂っています。しかしそれだけでなく、映画について、映画によって振り返るという身ぶりそのものによっても、老いや死といったテーマを突きつけています。つまり、映画が、映画というメディアを振り返ることによってしか存在しえなくなったということ、言い換えれば、映画というメディアがもはや遅れをともなってしか存在しえなくなったということがあらわになっているのです。このことは、映画における現在のリメイクやリブートのブーム、続編ブームによっても裏づけられるのではないでしょうか。そしてそれには、『インテルビスタ』が製作されたのが一九八七年ですから、インターネットはまだ一般化していませんが、「ニューメディア」の登場が叫ばれた時代であったということも影響しているかもしれません。また、そのような時代背景だけでなく、映画というメディアは、その本質からして、遅れてしか存在できないメディアなのです。それは、先に見たように、映画が「写真的一致」を根本原理にしているからにほかなりません。映画は、リアルタイムのニュースではなく、歴史のメディアであり伝説のメディアなのです。

そして、それは映画に特有の〈スター〉というメディア的形象にも当てはまることです。〈スター〉は、映画というメディアの根本原理である遅れから、その価値を引き出しているのです。遅れている

メディアの現象学による〈スター〉／〈タレント〉
〈スター〉：映画的存在として、「遅れ」が価値の源泉
〈タレント〉：テレビ的存在として、「いまここ」の共有＝コミュニケーション性が価値の源泉

こと、観客と〈いまここ〉を共有していないことによってこそ、〈スター〉は観客に呑み込まれない、観客を超えた存在となりうるのです。

そして、この点において、映画の〈スター〉とテレビの〈タレント〉は差異化されます。つまり、ともに「役」に対して「役者」そのものが前景化してくるわけですが、〈スター〉は遅れを価値の源泉とするのであり、それによって歴史的・伝説的存在となるわけです。それに対して、〈タレント〉は「テレビ的一致」によって定義されるメディア的形象として、コミュニケーション、すなわち、〈いまここ〉を視聴者と共有していることにこそ、その価値があるのです。その意味で、もっとも〈タレント〉的な〈タレント〉である明石家さんまがトレンディドラマの起源とされるのは、まったく当然なことなのです。

そして、「山口百恵」と「松田聖子」という〈アイドル〉のモデルは、実のところ、この映画＝〈スター〉とテレビ＝〈タレント〉という区別に対応しています。先に見たように、山口百恵は、みずからのキャリアに終止符を打ち、その後、メディアに登場しないことによって、〈アイドル〉のモデルになりました。それに対して、松田聖子が〈アイドル〉のモデルであるのは、さまざまなスキャンダルに見舞われながらも、キャリアを続けることによってでした。一方は「終わること」、他方は「終わらないこと」によって、〈アイドル〉のモデルであることができたのでした。言い換えれば、山口百恵は映画的＝〈スター〉的な〈アイドル〉であるのに対して、

松田聖子はテレビ的＝〈タレント〉的な〈アイドル〉だということです。

ふたりが出演した映画はこの違いをよくあらわしています。

山口百恵は、『伊豆の踊子』（西河克己監督、一九七四年）で初主演し、その後も、『潮騒』（西河克己監督、一九七五年）、『風立ちぬ』（若杉光夫監督、一九七六年）、『春琴抄』（西河克己監督、一九七六年）、そして、引退記念作品である『古都』（市川崑監督、一九八〇年）など、いわゆる文芸作品で主演を務めました。なかでも、川端康成原作の『伊豆の踊子』や三島由紀夫原作の『潮騒』は、吉永小百合もかつて主演した作品であり、〈アイドル〉としての山口百恵に、清純派の映画〈スター〉としてのイメージをまとわせるものでした。

松田聖子も、デビュー翌年の一九八一年に、伊藤左千夫原作の『野菊の墓』（澤井信一郎監督）で映画初主演を果たしています。『野菊の墓』の映画化は三度目にあたりますが、すでに七七年には、山口百恵の主演で、テレビドラマ化されていました。つまり、山口百恵は、吉永小百合のような映画〈スター〉を見習ったわけですが、今度は、その山口百恵を松田聖子がまねしようとしたわけです。しかし、『野菊の墓』では、明治時代の農村が舞台だったこともあり、松田聖子は髷を結い、当時、大流行した「聖子ちゃんカット」とはまったく違った姿で登場しました。とくに、丸出しになったおでこは失笑を買うものでした。そのせいかどうかはわかりませんが、同作以後、松田聖子が文芸作品に出演することはなくなり、出演作品は現代を舞台にしたものばかりとなりました（もっとも、二〇〇一年には、『千年の恋　ひかる源氏物語』（堀川とんこう監督）に出演してはいますが）。こうして、松田聖子は、みずからの〈アイドル〉としてのイメージを確立するにあたって、映画〈スター〉の要素を取り込むことに失敗したのです。

以上のような意味で、〈アイドル〉のふたつのモデルは、メディア論の観点からは、「映画的」なものと「テレビ的」なものに重ね合わせることができるのです。

しかし、〈アイドル〉は、〈スター〉とも〈タレント〉とも違っています。この点を明らかにするために、映画における〈スター〉論の展開を、次章でもう少し見ていくことにしましょう。

注

(1) ベルナール・スティグレール『技術と時間2――方向喪失（ディスオリエンテーション）』石田英敬監修、西兼志訳、法政大学出版局、二〇一〇年、三三ページ

(2) 同上、三三ページ

(3) 同上、三五ページ

(4) ベルナール・スティグレール『技術と時間3――映画の時間と〈難-存在〉の問題』石田英敬監修、西兼志訳、法政大学出版局、二〇一三年、二五ページ

(5) 同上、二〇五ページ

(6) 新聞については、ベネディクト・アンダーソンの『想像の共同体――ナショナリズムの起源と流行』（白石隆／白石さや訳、リブロポート、一九八七年）を、映画については、ジャン゠ミシェル・フロドンの『映画と国民国家』（野崎歓訳、岩波書店、二〇〇二年）をあげることができる。

(7) 前掲『技術と時間3』二〇六ページ

(8) 前掲『技術と時間2』一八二ページ

4　成長する〈アイドル〉／〈アイドル〉の現象学

ここで参考になるのは、往年の映画女優オードリー・ヘプバーンと、彼女について論じた映像研究者の北野圭介の『大人のための「ローマの休日」講義――オードリーはなぜベスパに乗るのか』（平凡社新書、二〇〇七年）です。北野は、この著書を、「『ローマの休日』とともに、という感覚がいつのまにかそばにありました」という「不思議な感覚」を吐露することから始め、みずからが試みるのが「憧れの映像詩学」だといいます。そして、物語論、演技論、社会文化論、メディア論など、さまざまな角度からヘプバーンの魅力に接近していくわけですが、なかでも興味深いのが、「存在論的」と呼ばれている、スター論からのアプローチです。

この〈スター〉の存在論によれば、オードリーの魅力は、「三つの身体」が分かちがたく共存していることにあります。その三つとは、「フォトグラフィックな身体」、「劇行為の身体」、そして、「シンボル化された身体」です。

「フォトグラフィックな身体」と「劇行為の身体」はそれぞれ、先に見た「役者」と「役」にあたるものです。わたしたちが映画において目にするオードリー・ヘプバーンは、ローマの街でちょっとした冒険を演じる、「役」としての「アン王女」＝「劇行為の身体」であると同時に、その「役」を演じる姿が映像として定着された、まさにその時、その場にいた「オードリー・ヘプバーン」という駆け出しの「役者」の姿＝「フォトグラフィックな身体」です。
北野の映画〈スター〉の存在論でとくに興味深く、重要なのは、第三の身体、「シンボル化された身体」です。この第三の身体はまた、「フォトグラフィック」に対する「シネマティック」とも名指され、映画特有のものです。これら三つの身体については、次の一節がよくまとめてくれています。

あのときあの場所、つまり、スペイン階段に、オープン・カフェに、ローマの街路に存在したに違いない身体は、投げ出された身体、つまりは、フォトグラフィックな身体です。ですが、別のレヴェルでいえば、おてんば王女のハチャメチャな冒険というう仕方でストーリー展開のなかに組み込まれている身体は、物語の時間軸上の経過と展開を織り込んだ身体、劇行為の身体といえます。そして、この劇行為の身体に、のちに希代のスターとなっていく存在の身体、つまり、かけがえのないオードリーの身体が折り重なっているのです。この後者の身体こそが、シネマティックなものといえるものだと思います。(1)

ぎこちないながらも徐々に、庶民の振る舞いになじんでいくアン王女を演じる、駆け出しの女優であるオードリー・ヘプバーン。フィルムに定着されているのは、単に情景のなかにあるのではなく、「動作のなかにあるオードリーの身体」です（「オードリーは、情景とともに、動作行為とともに、そもそもの発端から、つまり『ローマの休日』の頃から在った、そしていつまでもそう在った、スター女優なのです(2)」）。なかでもこの動作とは、新しい状況に臨んで、新しい振る舞いを学んでいく、学習のそれです。

北野圭介によるオードリーの三つの身体
フォトグラフィックな身体：かつてそこにあった俳優自身の身体
劇行為の身体：物語の登場人物＝役を演じている身体
シネマティックな身体：新しい状況＝未来に開かれ、学んでいく身体

『ローマの休日』（ウィリアム・ワイラー監督、一九五三年）のヘプバーンは、大きな場面転換とともに、衣裳を替えていきます。映画のなかでヘプバーンが身につける衣裳や振る舞いは、「オードリー・スタイル」として、観客たちにとって憧れの対象となり、ヘプバーンは世代を超えたアイコンであり続けています。

たとえば、北野がオードリー論を書くきっかけのひとつであったという映画研究者レイチェル・モーズリーの『オードリー・ヘプバーンと成長すること[3]（*Growing Up with Audrey Hepburn : Text, Audience, Resonance*）』では、先に見た、役者と役の一致を、映画学におけるスター論の先人であるリチャード・ダイアーの「フィット」や「スター・テクスト」という概念を参照しながら、「イメージ・テクスト」と呼んでいます。モーズリーは「イメージ」ということばを強調しているのですが、それはファッションというかたちを取ったイメージが、映画だけでなく雑誌などのほかのメディアを貫いて形成されるのと同時に、メディアの向こう側の世界の住人たる〈スター〉と、こちら側の世界の観客とのあいだを媒介するものだからです。ファッションは、憧れの対象が身につけるのにならって、みずからも身につけることができます。そのため、ファッションは、〈スター〉と観客、メディアのあちら側とこちら側を結びつけ、両者の媒介となるわけです。

ここで重要なのは、衣裳を替えることが単なる外見的な変化にとどまらないことです。それは、新しい状況に臨んで、自身の行動を変える第一歩であり、みずから

を取り巻く新しい世界について学び、自分のものとしていくきっかけでもあるということです。この様子が、王女が宮廷から庶民の生活へと飛び込んでいく『ローマの休日』では、とくにみずみずしく描き出されているのです。そして、このような新しい状況に臨んで、新しい衣裳や振る舞い方、すなわち、新しいスタイルを身につけていく姿こそが、観客たちに同様に振る舞うように促すものにほかなりません。新しいスタイルを身につけていくヘプバーン＝アン王女の姿を介して、観客もまた新しいスタイルを身につけていくのであり、学習の身振りを介して、ヘプバーン＝アン王女と観客のあいだの関係は打ち立てられているわけです。両者はある種の身振り、学習の身振りを共有しているのであり、観客は、学んでいく姿勢こそを映画から学んでいるのです。言い換えれば、ヘプバーン＝アン王女が身につけているスタイルだけでなく、身につけようとしている姿勢、あるいはスタイルの内実だけでなく、それに臨む姿、その姿勢やプロセスが両者の媒介となっているわけです。

このような媒介作用を、北野は「同一化」によって説明しています。戦後のイタリアやフランスにおいて盛んになったリアリズム映画の力は――その中心地がイタリアのチネチッタだったわけですが――、映し出された光景だけではなく、その光景を目撃する者が映り込んでいたことにこそあるとされます。つまり、映画のシーンがリアリティを持つのは、そのシーンの目撃者に観客が「同一化」するからなのです。このような同一化は、見つめ合う瞳において頂点を極めることになります。ヘプバーンは、「わたしたちが出会おうとするとき、（中略）必ずわたしたちをその瞳で見つめ直してくれる（中略）、まなざしを返してくれる」[4]わけです。この「瞳のディアレクティケ」こそが、「不思議な感覚」、「憧れ」の核心にあるものだったのです。

この「憧れ」は、ここまで見てきたメディアの現象学の観点からも説明できるのではないかと思います。あるいは、「シネマティックな身体」をめぐる議論を、メディアの現象学と突き合わせることで、この現象学を補完しながら、〈アイドル〉とはなにかの解明に接近していけるのではないでしょうか。この点についてさらに検討していくことにしましょう。

メディアの現象学と「シネマティックな身体」

先に見たように、オードリー・ヘプバーンの「シネマティックな身体」について北野が指摘したのは、彼女がただ単に情景のなかにあるのではなく、「動作」のなかにあることでした。そして、その動作とは、新たなスタイルを身につけていくプロセスのことでした。ただ状況のなかに受動的に投げ出されているのではなく、みずからが置かれた状況を「さりげなく、でも賢く、自らのものへと捉え返し、さらには自らの行動への推進力としてつくりかえていく身体」(5)です。この学習する身体は、その他のふたつの身体と分かちがたくあります。「デビューしたてでおぼつかない演技をしている一人の若い女性のかけがえのなさ」＝「フォトグラフィックな身体」、そして、「未だよく知らぬ情景のなかに踏み出していこうとするイタイケなあどけなさが残る王女の身体」＝「劇行為の身体」と同時に、「ゆくゆくは世紀を代表する、いや、世紀をまたぐ一大スターになっていく女優の未来を予感」(6)させる身体がオードリーのイメージに重なり合っているのです。

新たな状況に臨んで学んでいく姿勢こそが映画とその観客の媒介となっていることを見ましたが、そこで重要なのが、「シネマティックな身体」です。情景ではなく、動作のうちにあるこの映画特有の身体によってこそ、デビューしたての女優の「フォトグラフィックな身体」にしろ、庶民の生活に飛び込んだ王女の「劇行為の身体」にしろ、それらの新たな状況に臨んで学んでいく姿勢が際立つのです。「シネマティックな身体」が、その他のふたつの身体にまさに生命を吹き込んでいるのです。

なかでも重要なのは、「シネマティックな身体」が、未来へ開かれていること、未来志向的であることです。実際、北野も、この身体にある種の「予感」がはらまれていることを強調しています。つまり、「未来を予感」させる身体であり、「のちに希代のスターとなっていく存在の身体」[7]、「役者もしくはスターとして伝承されていく、ある意味でシンボル化された身体（中略）、さまざまな媒体が伝え、そして、わたしたちが接し憧れてきたオードリーのイメージのはじまりを刻印した身体」[8]なのです。

もちろん、このような予感には、オードリー・ヘプバーンがすでに世紀を代表し、世紀をまたぐ大スターとなった現在においては、未来形だった予感がすでに実現された現在から過去へと投射された面があることも否定できないでしょう。しかし、「劇行為の身体」と「フォトグラフィックな身体」、「役」と「役者」が、新たな状況に臨み学んでいくという動作のただなかで共鳴したとき、その身体は、その当時でさえも、未来を予感させるのに十分であったはずです。その意味では、『ローマの休日』に主演したときのオードリー・ヘプバーンが映画初主演でありキャリア不足であったことや、きちんとした演技の訓練を積んでいなかったことも、この予感にプラスになりこそすれ、決して足を引っ張るものではなかったのです。

そして、このような予感や未来志向性は、映画というメディアの本質によるものでもあります。先に見たように、「時間対象」である映画が映し出すのは、写真のように停止した「過去」ではなく、

「過ぎ去り」でした。たしかに、一方で、先に見た『インテルビスタ』のアニタ・エクバーグについてスティグレールが指摘していたように、「過ぎ去り」は絶えず過去に繰り込まれていくものとして、死や終わりを喚起するという面もあります。それは、映画が、「それは＝かつて＝あった」を志向対象とする写真の延長であることに由来することから生じています。しかし他方で、「過ぎ去り」は、過去に繰り込まれていくだけでなく、未来を繰り広げていくものでもあります。目の前で出来事が展開していくとき、わたしたちはその経緯や由来を問うよりむしろ、ひたすら、次になにが起きるのかと身構えているものです。ましてや、リアルタイムで起きていることなら、なおさらです。このような姿勢は、現象学の用語に従うなら、未来予持的なものです。「過ぎ去り」、あるいは、「時間対象」のメディアとしての映画は、意識と同じく、「過去把持的」であり、かつ「未来予持的」なのです。

「シネマティックな身体」はこの未来予持性を端的なかたちであらわしているのです。そしてそれこそが、その他のふたつの身体に対する「シネマティックな身体」の特性であり、映画というメディアの特性をかたちづくるものなのです。

「フォトグラフィックな身体」は、「それは＝かつて＝あった」姿であり、過去を現前させるものです。「劇行為の身体」が演じるのも、すでに存在している物語における役です。つまり、両者とも、過去を志向する「過去把持的」なものです。そして、このような過去志向性、あるいは遅れによってこそ、映画というメディアや〈スター〉は歴史であり伝説として、その正統性が担保されているのです。

それに対して、「シネマティックな身体」は、新しい状況に臨んで学んでいく姿勢を映し出し、未来を予感させる「未来予持的」なものです。そうした点で、「シネマティックな身体」と「フォトグラフィックな身体」は対照的なものであり、「過ぎ去り」や「時間対象」のメディアである映画および、写真の延長ならざる映画の特性をあらわにしているのです。オードリー・ヘプバーンは「シネマティックな身体」をまさに体現していたのであり、そうであるからこそ彼女に対する「憧れ」が喚起されるのです。

そして、この「シネマティックな身体」はメディアの現象学を補完するものでもあります。先に見たように、メディアの現象学は、映画の根本原理として、「それは＝かつて＝あった」という「写真的一致」と、映画の流れと観客の意識の流れのあいだの現在時における「映画的一致」というふたつの一致を取り出していました。その延長であるテレビは、リアルタイムのメディアとして、もうひとつの一致、すなわち、「テレビ的一致」を加えます。

①現にある写真と、そこに映し出された「かつて＝そこに＝あった」対象のあいだ。あるいは、役者と役のあいだの一致＝「写真的一致」
②映画の流れと、その観客の意識の流れというふたつの時間対象のあいだの一致＝「映画的一致」
③出来事と、その受容のあいだ、さらに、出来事を介した受容同士のあいだの一致＝「テレビ的一致」

これらの三つの一致は、ポーズ＝静止したものから流れ＝フローへ、そして、時制としては過去から現在へというかたちで、リアルタイム性を強めていきます。またそれは、映画の〈スター〉とテレビの〈タレント〉の差異をなすものでもあります。

そして、ヘプバーンの「シネマティックな身体」に垣間見られた未来予持性は、過ぎ去り、時間対象のもうひとつの側面をあらわし、これら三つの一致と重なり合い、一致しています。

④これら三つの一致と未来予持のあいだの一致

冒頭で見たように、〈アイドル〉を規定するのは「若さ」であり、アイドルグループは、「卒業」という「若さ」を永遠に維持していくための仕組みを備えているのでした。メディアの現象学から明らかになるのは、この「若さ」が新たな状況に臨んで学んでいくというある種の姿勢、すなわち「未来予持性」によって担保されているということです。それは、逆にいうなら、このような姿勢こそが、「若さ」なのであり、必ずしも年齢だけの問題ではないということです。もちろん、年齢も重要なのはまちがいありません。しかし、それも、新しい状況に置かれること、そして、そこで学んでいくことを望むがためのことなのです。あまりに場慣れした姿に「若さ」を感じ取ることはないでしょう。新たな状況に置かれ、そこで学んでいく姿勢こそが「若さ」なのです。

この意味でいえば、「シネマティックな身体」を取り出した北野の議論は、実のところ、映画における〈アイドル〉としてのヘプバーンを発見するものだったのです。

〈スター〉／〈アイドル〉

写真的一致を取り出したのは、ロラン・バルトというフランスの批評家ですが、彼は、オードリー・ヘプバーンについても興味深い指摘をしています。それによれば、ヘプバーンの〈顔〉は「出来事」であり、「イデア」であるグレタ・ガルボの〈顔〉と対をなすものとされます。グレタ・ガルボは、スウェーデン出身の女優で、一九二〇年代から三〇年代、すなわち、トーキーの登場とともに黄金時代を迎えるハリウッドで「女神（divine）」として君臨した、典型的な〈スター〉です。三五歳のときにはやくも引退した後は公の場に姿を見せることもなく、それによって伝説となりました。ちなみに彼女が最後に出演したのは四一年の『奥様は顔が二つ』（ジョージー・キューカー監督）という映画でした。その〈顔〉はまさに、時間＝時代を超越した美を具現化したものとして「イデア」とされたわけです。それに対して、ヘプバーンの〈顔〉が「出来事」とされるのは、新しい状況に置かれ、その状況に開かれ、生き生きとしたさまざまな表情を見せてくれるからにほかなりません。北野もこのバルトによる指摘を取り上げ、ヘプバーンの「シネマティックな身体」のことを意味しているのだと述べています。

このような指摘は、端的にいえば、ガルボが〈スター〉であるのに対して、ヘプバーンは〈アイドル〉だということです。

〈アイドル〉を特徴づけるのは、新しい状況への開かれ、つまり、未来予持性なのです。

このような未来予持性こそが、われわれを「刺す」のであり、それに刺されたからこそ、バルトや北野はヘプバーンについて記すことになったのでしょう。

R・バルトによるプンクトゥム／ストゥディウム
プンクトゥム：思いがけない細部に宿り、見る者を刺すもの
ストゥディウム：身についた常識やステレオタイプに収まるもの

「刺すもの」とは、バルトのことばを使えば、「プンクトゥム（punctum）」のことです。

バルトは、これから絞首刑にされようとしているある死刑囚の姿を映した写真を美しいと評しています。しかし、それもすでに、ひとつの常識的な見方、ステレオタイプにすぎません。常識的な見方は、バルトが「ストゥディウム（studium）」と呼ぶものです。この写真がバルトをとらえて放さないのは、このような美しさを超えた、なにものかを感じ取ったからにほかなりません。このなにものか、「名づけられないもの」を名指すのが、「プンクトゥム」＝「刺すもの」なのです。それが、否が応でも視線を引きつけ、見る者を「刺す」のです。

バルトにとって、この写真の「プンクトゥム」は、その死刑囚がまさに死のうとしていることです。

> 私はこの写真から、それは**そうなるだろう**という未来と、**それはかつてあった**という過去を同時に読み取る。私は死が賭けられている近い未来を恐怖をこめて見まもる。この写真は、ポーズの絶対的な過去（不定過去《アオリスト》）を示すことによって、未来の死を私に告げているのだ。私の心を突き刺すのは、この過去と未来の等価関係の発見である。少女だった母の写真を見て、私はこう思う。母はこれから死のうとしている、と。私はウィニコットの精神病者のように、**すでに起こってし**

まった破局に戦慄する。被写体がすでに死んでいてもいなくても、写真はすべてそうした破局を示すものなのである。(9)

写真が映し出すのは、「それは＝かつて＝あった」という過去の一瞬です。それが過去のものとして把握され、そこに収まっているかぎり、「ストゥディウム」に回収されます。しかし、ある種の写真、あるいは、同じ写真であっても見るときによって、その過去の時点に見る者を立たせることがあります。それは、写真の「現実効果」の極みというべき経験です。そして、見る者は過去の時点に立つことで、その過去から見た未来に、まさに未だ来たらざるものとして直面することになります。「過去と未来の等価関係」が意味しているのは、このような経験のことです。

バルトの写真論『明るい部屋』で、死という破局が前景化しているのは、その書物自体が母の死に対する喪の仕事として書かれているからですが、また、写真というメディアの本性、「それは＝かつて＝あった」ということにもよるのです。アニタ・エクバーグについてのスティグレールの分析が同じく死の問題に触れていたのも、このバルトの議論を下敷きにしているからです。

しかし、バルトが「プンクトゥム」として取り出しているのは、未来に臨む姿勢、未来予持性です。この未来予持性が、映画以降の時間対象を生み出すリアルタイムのフローのメディアにおいて前景化してくるのです。目の前で展開していく出来事は、わたしたちを次の展開へと身構えさせるのであり、それがリアルタイムのメディアの力の源泉にほかなりません。

そして、このような未来予持性を体現しているのが、〈アイドル〉なのです。

〈スター〉が、映画特有の形象として、遅れによって、「歴史」や「伝説」として権威を帯び、テレビの〈タレント〉がコミュニケーションという現在によって特徴づけられるのに対して、〈アイドル〉は、未来への開けを体現するものなのです。

〈アイドル〉としてのヘプバーンを特徴づけるのも、それです。『ローマの休日』のアン王女も、王宮を抜け出し、街でさまざまな出会いを経験するわけですが、それは映画で初めて主演を務めるヘプバーンの姿と重なり合うものでした。新しい状況と向き合い、新たなスタイルを身につけていく未来予持的姿勢こそがこの重なり合いを実現しているのです。

そして、そうであるからこそ、〈アイドル〉の誕生には、オーディション番組やリアルTVが大きな役割を果たしてきたのです。これらの番組は、アイドルの「若さ」を保証するための装置なのです。

〈アイドル〉の成長

先に見たように、『スター誕生!』というオーディション番組は、山口百恵をはじめとした一九七〇年代の〈アイドル〉だけでなく、小泉今日子などの八〇年代の〈アイドル〉たちをも輩出してきました。おニャン子クラブを生み出した『夕焼けニャンニャン』（フジテレビ、一九八五―八七年）でも、毎週のように、オーディションがおこなわれていました。そうしたオーディション企画の成功は、現在では女優として活躍している菅野美穂がデビューした『桜っ子クラブ』（テレビ朝日、一九九一―九四年）など、二匹目のドジョウを狙った、多くの番組を生み出しました。

そのなかで、鈴木亜美やモーニング娘。などを生み出した『ASAYAN』（テレビ東京、一九九五

―二〇〇二年）では、ただオーディションをおこなうだけでなく、リアルTVと呼ばれるフォーマットにしたがって、アイドルや芸能人を目指す子たちがデビューに向かって、涙ながらに歌やダンスの特訓に取り組む様子が映し出されました。とくに、モーニング娘。は、五日間で五万枚のCDを売り上げなければデビューできないという条件が課され、メンバー自身が各地で手売りする姿などを撮したVTRも流されました。その結果も番組内で発表されたため、多くの視聴者が、デビューの決定に彼女たちが歓喜の涙を流す姿に立ち会うことになりました。彼女たちは、次々に突きつけられる試練に臨み、それに感情的なリアクションをもって応えることで、〈アイドル〉となっていったのです。

　このようなオーディション番組やリアルTVによって、すでに完成した姿ではなく、まさに目の前で誕生し、成長していく姿を視聴者に見せることは、「若さ」によって定義される〈アイドル〉にとって必須のことなのです。

　社会学者の太田省一は、オーディション番組によって、〈アイドル〉に対して、「愛着の視線」と「批評の視線」というふたつの視線を〈アイドル〉ファンが持つようになったと指摘しています。[10]デビューの現場を目にすることができるようになったことで、その〈アイドル〉に対するファンの愛着が増すと同時に、それまでは舞台裏でおこなわれていた審査の過程に立ち会うようになることで、批評家的な態度もファンが身につけるようになったというわけです。

　もっとも、批評の視線も愛着の視線のひとつです。画面では見えない楽屋裏を想像しながら批評するということも、〈アイドル〉現象に巻き込まれたあり方のひとつでしかありません。

　いずれにしろ、成長していく姿を見せることが、〈アイドル〉にとっては不可欠の要素なわけです。

そしてそれは、〈アイドル〉が、未来への開かれや未来予持性に特徴づけられた存在だということにほかなりません。

誕生し成長していく姿を見せることでファンの愛着を獲得するという関係性をさらに推し進めたのが、AKB48です。そこからすると、おニャン子クラブが、活動期間が二年あまりと短命に終わったのは、誕生の瞬間は見せても、成長していく姿を見せるための仕掛けが用意されていなかったことによるともいえるでしょう。この点でふたつのグループは決定的に異なっています。

それは、より一般的にいえば、〈アイドル〉を生み出すのが、ネオTV的な環境だということです。

ネオTVと〈アイドル〉――〈パレオ・アイドル〉から〈ネオ・アイドル〉へ

〈アイドル〉を生み出し、活動の場を与えていたのは、テレビというメディアでしたが、先に見たように、一九八〇年代のテレビは、ネオTV化という大きな転換期にありました。その変化は、一言でいえば、あらゆるジャンルがバラエティに近づき、バラエティがメタジャンルになっていくというものでした。メタジャンルとは、ニュースやドラマ、ドキュメンタリーなどのその他のジャンルと横並びではなく、それらの上位のジャンルということです。「牛」や「豚」、「鳥」、「羊」に対しての「動物」あるいは「肉」の位置のことです。たとえば、ドラマがバラエティに近づくことでトレンディドラマが登場し、報道番組もバラエティ化し、ワイドショーと区別できなくなっていきます。言い換えれば、テレビというメディアが、外部の世界を参照するよりむしろ、視聴者の見たいものだけを見せるようになり、視聴者との関係性に閉じていく、すなわち世界に開かれた「窓（パレオTV）」から視聴者の欲望を映し出す「鏡（ネオTV）」になるということです。

このようなネオTV化は、テレビをおもな生息地としていた〈アイドル〉のあり方にも影響せずにはいません。

先に、山口百恵と松田聖子という〈アイドル〉のふたつのモデルを確認しました。それらは、「終わること」／「終わらないこと」、あるいは、小倉千加子によれば、「同心円」／「とめどなく増殖する円」によって特徴づけられました。このふたつは、パレオTVとネオTVに対応しています。「窓」であるパレオTVでは、映し出されるはずの現実がメディアの外にあると想定されているのに対して、「鏡」であるネオTVでは、フィクションが全面化し、現実が押しやられてしまいます。結婚とともにキャリアを終わらせ、生活人に戻っていくという身ぶりは、メディアの外に現実を想定するパレオTV的なものです。それに対して、終わりなく、どんな活動も〈アイドル〉としてこなしていく松田聖子はネオTV的な存在です——両者をそれぞれ、〈パレオ・アイドル〉と〈ネオ・アイドル〉と呼ぶことにしましょう。あるいは、先に見たように「俳優」と「役」の二重性によれば、〈パレオ・アイドル〉ではこの二重性が温存されているのに対して——共演してきた三浦友和との結婚を機に、山口百恵が引退したのも、このためでした——、〈ネオ・アイドル〉では、もはや両者は区別されず、フィクションの世界に住まう「役」が全面化してくるのです。

このような変化は、その後の〈アイドル〉にも影響を与えていきます。

それはたとえば、おニャン子クラブに見て取れることです。先にも指摘しましたが、おニャン子クラブが生まれた『夕焼けニャンニャン』では、毎週のようにオーディションがおこなわれ、合格者に

パレオ・アイドル：「俳優」と「役」の二重性を保ち、メディアの外にある、生活人の現実を温存
ネオ・アイドル：「役」＝フィクションの世界が全面化

会員番号が与えられていきました。それ以前の〈アイドル〉が、「〇〇年組」と括られ、社会の時間と同期していたのに対して、おニャン子クラブは、独自の歴史を刻み始め、社会の時間と同期しなくなったのです。このような変化は、メンバーたちが「〇〇期生」というかたちで分類されるAKBをはじめ、一斉に大々的なデビューをすることのなくなった現在の〈アイドル〉全般に当てはまることです。つまり、〈アイドル〉が、外部の時代というものを参照しなくなり、みずからの世界や歴史に閉じたわけであり、その意味で、パレオTVからネオTVへの移行をよくあらわしています。

〈アイドル〉のさらなる変化にとって大きな役割を果たしたのは、歌番組の変化です。一九八〇年代、あるいは、昭和といったほうがよいかもしれませんが、この時代が終わる頃には、『ザ・ベストテン』、『歌のトップテン』（日本テレビ、六九年に放送開始した『紅白歌のトップテン』から、『ザ・トップテン』（一九八一―八六年）を経て、九〇年まで放送）といったランキング形式の番組や、『夜のヒットスタジオ』（フジテレビ、一九六八年の放送開始後、『ヒットスタジオDELUXE』『ヒットスタジオSUPER』と改称しながら、九〇年まで放送）といった番組が相次いで終了し、〈アイドル〉たちも活躍の場が奪われていきました。

このような歌番組の終焉によって、〈アイドル〉、あるいは、楽曲と、社会の時間との非同期化はさらに促されていきます。

こうして、一九九〇年代に入る頃には、〈アイドル〉は冬の時代を迎えることになるわけですが、入れ替わりにその位置を占めることになったのが、〈アーティスト〉です。八〇年代までの〈アイドル〉が、歌番組でほかの歌手と共演しながら歌っていたのは歌謡曲だったわけですが、九〇年代の〈アーティスト〉が歌うのは「Jポップ」です。

「Jポップ」の〈アーティスト〉

「Jポップ」ということばは、一九九〇年代、なかでも九三年のサッカーJリーグの誕生をきっかけに、「J」を冠したその他のことばとともに一般化したものですが、もとはといえば、八八年に開局したJ-WAVEというラジオ局から生まれたのです。音楽評論家の烏賀陽弘道の『Jポップとは何か』によれば、[11] Jポップの成功を準備したもののひとつにCDの普及があります。八六年には、それまでのLPレコードの売上をCDのそれが上回ります。LPレコードの直径が三〇センチであったのに対して、CDは一二センチしかなかったため、再生機器が小型化します。それまでのレコードプレーヤーを中心に構成されたシステムコンポがミニコンポになり、家のリビングに置かれたお父さんのものであったのが、子供部屋にまで広がっていくことになるわけです。こうして、音楽が、より気軽に聴けるようになり、身近なものとなっていきます。

もうひとつ重要なのが、ドラマやCMとのタイアップの増加です。ランキングの上位を占めるのがタイアップ曲ばかりという状況になります。この結果、タイアップが取れて、ランキングの常連となる一握りのアーティストと、そうでない多くのアーティストというかたちで二極化が進んでいきます。

その結果が、ミリオンセラーの続出で、そのピークである一九九八年には、シングルで二〇タイトル、アルバムで二八タイトルがミリオンセラーを達成したのです。

このようなタイアップの中心は、CMにしろドラマにしろ、テレビでした。たとえば、トレンディドラマの代表的な枠であった「月9」からは多くのミリオンセラー、ダブルミリオンセラーのヒット曲が誕生します。一九九一年の『東京ラブストーリー』（フジテレビ）と小田和正の「ラブ・ストーリーは突然に」をはじめ、『101回目のプロポーズ』（フジテレビ、一九九一年）とCHAGE and ASKAの「SAY YES」、九二年の『素顔のままで』（フジテレビ）と米米CLUBの「君がいるだけで」、九三年の『振り返れば奴がいる』（フジテレビ）とCHAGE and ASKAの「YAH YAH YAH」、九五年の『最高の片想い』（フジテレビ）と福山雅治の「HELLO」、九六年の『ピュア』（フジテレビ）とMr.Childrenの「名もなき詩」、『ロングバケーション』（フジテレビ）と久保田利伸 with NAOMI CAMPBELLの「LA・LA・LA LOVE SONG」、九七年の『バージンロード』（フジテレビ）と安室奈美恵の「CAN YOU CELEBRATE？」などの組み合わせがあります。

先に、トレンディドラマの誕生について見ました。そのきっかけになったのは、明石家さんまというすぐれて〈タレント〉的な存在であり、メディア論的には、ドラマが、映画的な記憶ではなく、バラエティ番組というテレビ的な現在を参照するようになったということでした。

明石家さんまが主演した『男女7人』が、ドラマの歴史において、トレンディドラマの先駆けをなすように、その主題歌であった「CHA－CHA－CHA」（一九八六年）、「SHOW ME」（一九八七年）はJポップに先駆けるものです。両曲とも洋楽のカバーですが、主題歌として、ドラマの冒頭だけでなく、クライマックスで、物語の内容とは無関係に、ただクライマックスだということを示すために、あるいは、視聴者に、そろそろ番組が終わるなと心の準備をさせるために用いられ、大ヒットしました。

同様のことは、若者の群像劇として、『男女7人』に先立つ『ふぞろいの林檎たち』(TBS、一九八三―九七年、八三年に第一シーズンが放送)におけるサザンオールスターズの「いとしのエリー」にも当てはまりますが、この曲の場合はドラマ放送前の一九七九年にすでにヒットしていました。

また、集団恋愛劇として『男女7人』の先駆けにあたるのは、一九八三年から八五年にかけて放送された『金妻』こと『金曜日の妻たちへ』シリーズ(TBS)です。『金妻』は、東京の郊外のオシャレな新興住宅街に住む複数の夫婦たちの「あいだ」の不倫劇を描くものでした。この「あいだ」という点で、同じく不倫でありながらも、「外部から」の見知らぬ者の闖入として描かれていた『岸辺のアルバム』(TBS、一九七九年)とは対照をなすものです。それが、『男女7人』では、未婚の三〇歳前後の男女のあいだの恋愛ゲームとなったのです。

この『金妻』から『男女7人』へいたる主題歌の推移は、Jポップ誕生にいたる経緯をよくあらわしています。

まず、『金妻』のパート1で主題歌として採用されたのは、ボブ・ディランが作詞・作曲し、ピーター・ポール&マリーが歌って世界的にヒットした「風に吹かれて」(一九六三年)でした。そして、パート2の「男たちよ、元気かい?」の主題歌であった「パラダイス〜愛のテーマ」(一九八四年)は、ドラマと同年に公開された、映画『フットルース』(ハーバート・ロス監督、一九八四年)の挿入歌でした。つまり、『金妻』のパート1とパート2では、洋楽のカバーではなく、洋楽がそのまま主題歌として採用されていたわけです。

それが、パート3の「恋に落ちて」で主題歌として採用されたのは、歌った小林明子が作曲し、湯川れい子が作詞した「恋に落ちて〜FALL IN LOVE」（一九八五年）でした。つまり邦楽です。しかし、この曲の歌い出しの歌詞は、ドラマで使用されたバージョンでは、「If my wishes can be true, will you change my sighs to roses, whiter roses, decorate them for you」と英語です――文法的に怪しいところもありますが、ここでは措いておきましょう。ちなみに、シングルとして発売されたバージョンでは、「もしも 願いが叶うなら 吐息を 白いバラに 変えて 逢えない日には 部屋じゅうに 飾りましょう 貴方を想いながら」と日本語で始まっています。その後も、「Thinkin' 'bout you every night and find out where I am. I am not livin' in your heart」と続きます。しかし、ここからは、「Darling, I want you 逢いたくて ときめく恋に 駆け出しそうなの 迷子のように 立ちすくむ わたしをすぐに 届けたくて」というように、英語から日本語へとあいまいに移行していきます。いずれにしろ、この楽曲は、洋楽ではなく、邦楽であり、前二作の主題歌とは異なり、オリコンやランキング番組で一位を獲得するというかたちでヒットしました。

英語まじりの歌詞や英語風の歌詞は、Jポップ以前から、ごくごくありふれたものでした。『金妻』の二作が主題歌とした洋楽と、『男女7人』が主題歌とした洋楽のカバー曲とを並べてみると、この「恋に落ちて〜FALL IN LOVE」は洋楽を取り込み、洋楽風の邦楽とし、さらにドラマとタイアップすることで、大きな成功を収めたという点で、Jポップの先駆をなすものであったことをよくあらわしています。

その意味で、Jポップは、ネオTV化と密接な関係にある現象なのです。

Jポップはこのように位置づけられるわけですが、このJポップとともに誕生するのが〈アーティスト〉です。それは、バラエティをメタジャンルとしたネオTVで〈タレント〉が誕生したこととと重なります。

〈アーティスト〉ということばを定着させたのは、「MTV」です。MTVがアメリカで放送開始したのは、一九八一年のことですが、それが日本にもテレビ番組などのかたちで盛んに輸入されました。早くも八一年に、小林克也がMCを務める『ベストヒットUSA』（テレビ朝日）の放送が始まっています（放送局を変えながら、現在はBS朝日で放送されています）。これらの番組で、洋楽のミュージシャンたちが「アーティスト」と呼ばれたことをきっかけにして、その呼び方が邦楽にまで拡大していったのです。

まさに、「アーティスト症候群[12]」というべき状況ですが、それが〈アイドル〉にまで及ぶことになるのです。一九八〇年代なら〈アイドル〉と呼ばれていたはずの若い歌手たちが「Jポップ」のカテゴリーに括られ、〈アーティスト〉と呼ばれるようになるわけです。

たとえば、浜崎あゆみ、安室奈美恵、華原朋美は、Jポップを代表する〈アーティスト〉ですが、時代が違っていれば〈アイドル〉と呼ばれていたのではないでしょうか――ここに篠原涼子を加えることもできるでしょう。彼女たちは、そのキャリアによってだけでなく、本人たちの作詞などのかたちでの楽曲への関与の度合いや、逆に、プロデューサーが前面に出ている度合いによって、〈アイドル〉色を残しており、〈アーティスト〉と〈アイドル〉が地続きなのをよくあらわしています。

また、先に指摘したように、一九八〇年代、あるいは昭和の終わりとともに、歌番組は一度、姿を消しますが、それが、九〇年代半ばになって別のかたちで復活してきます。『HEY! HEY! HEY! MUSIC CHAMP』（フジテレビ、一九九四―二〇一二年）や、『うたばん』（TBS、一九九六―二〇一〇年）といった番組です。これらの番組でMCを務めたのがダウンタウンであり、石橋貴明と中居正広であったように、歌番組もバラエティ化したのです。これもバラエティをメタジャンルとするネオTV化の趨勢をよくあらわしています。こうした傾向の先駆けであったのが、明石家さんまと並ぶお笑い芸人であった島田紳助です。彼は、八七年から『歌のトップテン』で和田アキ子とともに司会を務めましたが、その後も、九〇年から『サンデープロジェクト』（放送開始は八九年）でキャスターを務め、お笑い〈タレント〉や〈アイドル〉が報道系の番組に登場することの道を開きました。この意味で、島田紳助は、明石家さんまとは異なったジャンルで、バラエティのメタジャンル化を推し進めた〈タレント〉だったわけです。

このような傾向をよくあらわしているのが、ダウンタウンの浜田雅功が、小室哲哉のプロデュースで、H Jungle with t として大きな成功を収めたことです。この企画は、『HEY! HEY! HEY! MUSIC CHAMP』でふたりが共演したことがきっかけでした。H Jungle with t として発売した三枚のシングル――「WOW WAR TONIGHT ～時には起こせよムーヴメント」（一九九五年）、「GOING GOING HOME」（一九九五年）、「FRIENDSHIP」（一九九六年）――のうち一枚目と二枚目はそれぞれ、ダブルミリオン、ミリオンのヒットとなりました。

Jポップの〈アーティスト〉たちは、このようにバラエティ化した番組で、歌手としてのパフォーマンス以外の面でも、存在感を発揮し、自身のキャラクターを確立していきました。また逆に、バラエティ化した番組で、キャラクターを確立することが〈アーティスト〉としての成功に必要不可欠だったのです。

これは、〈アーティスト〉としての浜崎あゆみ、安室奈美恵、華原朋美にもよく当てはまることであり、彼女たちが〈アイドル〉的存在であり、〈アイドル〉の系譜に位置づけられることをよくあらわしています。

彼女たちが一九八〇年代の〈アイドル〉に連なる存在であることは、彼女たちが「再デビュー」していることによっても補強されます。先に、おニャン子クラブ以降の〈アイドル〉が、もはや「〇〇年組」のように括れなくなり、時代と同期化しなくなったことを指摘しました。浜崎あゆみ、安室奈美恵、華原朋美の場合も、それぞれ二度のデビューを経ており、そのため、いつを彼女たちのデビューとするのかが曖昧になり、どの時代に位置づけられて、誰と同期なのかがわからなくなります。そもそもそのような位置づけをすることもなくなります。つまり、Jポップの〈アイドル〉的〈アーティスト〉たちはまた、おニャン子クラブ以降の〈アイドル〉として、社会の時間と同期していないわけです。

しかし、「再デビュー」という要因によって〈アーティスト〉は、成長していく〈アイドル〉とは異なってもいます。

「再デビュー」した〈アーティスト〉にとって、それ以前のキャリアはしばしば「黒歴史」扱いされますが、一度目と二度目のデビューのあいだにあるのは成長のプロセスではありません。むしろ、成長のプロセスは隠され、二度目のデビューの際は完成品、プロダクトとして登場しなくてはならないのです。

また、〈アーティスト〉が成功することで、手がけた〈プロデューサー〉の目利きが証明されます。その〈プロデューサー〉に見初められたことによって、〈アーティスト〉のクオリティ（感）が担保されるようになります。こうして、〈プロデューサー〉と〈アーティスト〉のあいだに共犯関係が成立することになります。〈プロデューサー〉は、もはや知る人ぞ知るような裏方の存在ではなくなり、むしろ、プロダクト（アーティスト）のクオリティ（感）を表立って、積極的に担保するブランド的存在となるわけです。たとえば、プロデューサーの名を冠して、プロデュースされた〈アーティスト〉たちは「○○ファミリー」と括られるようになります。

このように、〈アイドル〉的〈アーティスト〉にとって重要なのは、最初のデビューから二度目のデビューまでのあいだに、目利きのプロデューサーに見初められたというエピソードであり、成長ではなく選抜を、ビフォーアフターの変身物語を見せることが重要なのです。

この点をよくあらわしているのが、『ASAYAN』から誕生し成功したのが、モーニング娘。であり、鈴木亜美だったということです。よく知られているように、モーニング娘。は、「シャ乱Q女性ロックボーカリストオーディション」の落選組から結成されたわけですが、彼女らと争い、勝ち残った平家みちよは期待されたほどの成功を収めることはできませんでした。この結果は、〈アイドル〉はプロセスを見せることが欠かせないのに対して、〈アーティスト〉にそれは不要で、あくまで変身後の完成したプロダクトとして登場する必要があるということを示すものです。

いずれにしろ、この番組は、若い女性〈アーティスト〉が〈アイドル〉と連続しながらも異なった存在であることを明らかにしています。

さらに、このような〈アイドル〉的〈アーティスト〉がもたらした変化はもうひとつあります。それは、女性が女性〈アイドル〉を支持することが珍しくなくなったということです。

先に見た烏賀陽も、Jポップを誕生させるひとつの要因であったCDの普及にともなって、プリンセス プリンセスや渡辺美里、山下久美子らの「ガールズポップ」が若い女性をターゲットにしてヒットしたことを指摘しています。彼女らは、後に、Jポップの一翼をなすと考えられるようになりますが、同じ若い女性歌手であっても、〈アイドル〉ではなく、〈アーティスト〉と呼ばれたことで、女性リスナーを獲得しやすい環境になったわけです。

この点に関して、安室奈美恵や華原朋美のプロデュースを手掛けた小室哲哉はかなり意識的だったようです。

> 女の子がデビューすることは、それを聴く女の子のために役に立っているんだと思っていたんですよ。つまり自分が女の子をプロデュースする場合、なんとなく親近感があって、多少憧れを持てるようなということで、圧倒的に女性客が多かったことを求めていたんです。(13)

女性ファンを獲得するという方向性は、「九〇年代最後のアイドル」と呼ばれた鈴木亜美にも採用されました。当初は男性をターゲットにしていたのを、女性ファンをも取り込むことで鈴木亜美は成功したのです。

以上のような〈アイドル〉の〈アーティスト〉化から確認できるのは次のことです。まず、成長のプロセスを見せることが、〈アーティスト〉には不要なのに対して、〈アイドル〉には欠かせないということです。そのために必要なのが、オーディション番組のような仕組みです。この点で両者は対照的なわけですが、〈アイドル〉も〈アーティスト〉もネオTV的な環境から誕生してくる点では共通しています。また逆に、両者は、ネオTV化の傾向をよく特徴づけるものです。そのため、〈アイドル〉も〈アーティスト〉も視聴者に親近感を与え、親密な関係を仮構することが重要になります。なかでも、同性からの支持を得ることが成功に欠かせなくなります。

一九九〇年代のJポップを代表する女性〈アーティスト〉たちは、このようなかたちで、八〇年代からの〈アイドル〉の流れに位置づけられます。そして、ゼロ年代以降に再浮上してくる〈アイドル〉も、このような〈アーティスト〉化の流れによって方向づけられることになります。

続いては、こうして〈アイドル〉を中心にして築かれる関係性と〈アイドル〉文化の内実について、よりくわしく見ていくことにしましょう。

注
(1) 北野圭介『大人のための「ローマの休日」講義——オードリーはなぜベスパに乗るのか』平凡社新書、二〇〇七年、二一九ページ
(2) 同上、二一八ページ

(3) レイチェル・モーズリー『オードリーの魅力をさぐる――真の女性らしさとは』(黒川由美訳、東京書籍、二〇〇四年)という、かなり簡略化された抄訳がある。
(4) 前掲『大人のための「ローマの休日」講義』二四三ページ
(5) 同上、二〇六ページ
(6) 同上、二一九ページ
(7) 同上、二一九ページ
(8) 同上、二二〇ページ。強調は引用者による。
(9) ロラン・バルト『明るい部屋――写真についての覚書』花輪光訳、みすず書房、一九九七年、一一八―一一九ページ
(10) 太田省一『アイドル進化論――南沙織から初音ミク、AKB48まで』筑摩書房、二〇一一年、四三―四七ページ
(11) 烏賀陽弘道『Jポップとは何か――巨大化する音楽産業』岩波新書、二〇〇五年
(12) 大野佐紀子『アーティスト症候群――アートと職人、クリエイターと芸能人』明治書院、二〇〇八年。とくに、四二―四五ページを参照。
(13) 「さようなら歌謡曲」『Switch』二〇〇〇年三月号、五三ページ

5　教育する〈アイドル〉／メディア・ハビトゥス

成長のドキュメンタリー

前章では、メディアの現象学の観点から、映画の〈スター〉やテレビの〈タレント〉に対して、〈アイドル〉が未来予持性によって特徴づけられることを見てきました。この志向性は、新しい状況に向かい合う前向きな姿勢としてあらわれるものであり、新しい状況に臨んで成長していくプロセスを、ファンと共有することが〈アイドル〉には欠かせないということです。これに対して、〈アーティスト〉は、そのような成長のプロセスを隠す必要がありました。

モーニング娘。を誕生させたリアルTV的な仕掛けも、このような成長のプロセスを見せるためのものですが、ゼロ年代になって〈アイドル〉文化を定着させたAKBは、SNSを中心とした新しいメディア環境において、成長プロセスの可視化をさらに推し進めていきました。

この点について、プロデューサーの秋元康は、AKBのコンセプトが「成長のドキュメンタリー」を見せることであり、そのための仕掛けを用意しているのだといっています。

彼女達の成長のドキュメンタリーを見せたい。それは僕が、菊池桃子や本田美奈子やとんねるずやおニャン子達が、間近でスターになっていく様を見てきたわけですから。間近でスターになっていく様をファンにも見せたい。というのがAKB48のコンセプトなんです。だからこそ、できるだけドキュメンタリーで、選抜総選挙にしても、リクエストアワードにしてもガチ、何でもガチでやりたい。だから公演のフリートークの部分も、台本は書かない(1)

AKBは、それまでの〈アイドル〉がテレビでしか見ることができなかったところを、より「間近で」見ることができるようにしたわけです。それを実現するのが、常設の劇場であり、SNSなのです。

メディア論の創始者ともいうべきマーシャル・マクルーハンは、新しいメディアが登場すると、古いメディアはそのコンテンツとなるといいましたが、まさにその通りの状況です。テレビは、ネット環境においてひとつのコンテンツとして取り込まれたわけです。逆にいえば、テレビという古いメディアは、そうしたかたちで、つまりテレビ的なものとして生き延びるのです。

「成長のドキュメンタリー」を語るとき、秋元はしばしば野球にたとえています。「前田敦子は王・長嶋で、大島優子は野村克也」とか、落ちこぼれ集団という意味で、『がんばれ！ベアーズ』（マイケル・リッチー監督、一九七六年、寄せ集めの子供たちで結成された野球チームが奮闘する姿を描いた作品で、映画が三作公開されたのに加えて（三本目は日本が舞台になっています）、テレビ・シリーズにもなりました）に言及します。インタビュアーの田原総一朗に合わせてのことかもしれませんが、それにしても、わかるようなわからないようなたとえです。とはいえ、「高校野球」の例は重要です。

いまとなって、AKB48で何を見せたかったかというと、やっぱりプロ野球ではなくて高校野球なんです。内野ゴロでも全力でファーストに走ってヘッド・スライディングする姿を見せたい。つまり僕らは、秋葉原の劇場で、東京ドームという名の「甲子園」を目指していた。(2)

秋元のこの発言では甲子園を目指す高校球児と同じく、AKBも「全力」であることが強調されているわけですが、甲子園も通過点にすぎず、「成長のドキュメンタリー」はその後も続いていきます。

すべてが同じ延長線上にあって、どこで何をしようが結局、AKB48のドキュメンタリーなんです。高校野球で、地方予選から甲子園の決勝戦までを投げ抜いた投手が、東京ドームでプロ野球選手として戦おうが、WBC(ワールド・ベースボール・クラシック)で戦おうが、オリンピックに出ようが、そのドキュメンタリーは変わらない。(3)

このような「成長のドキュメンタリー」では、「成長」を際立たせるために、オーディションでは「完成された女の子たち」がまず落とされていくことになります。絶対的なセンターであった前田敦子が選ばれたのも、彼女がそのような完成された女の子たちの対極にいたからにほかなりません。

センターにいちばん向いてないな、と思ったからです。ファンはアイドルに「シンデレラ・ストーリー」を求めているんです。いじめられたり、ぼろを着て雑巾《ぞうきん》がけをさせられたりして不遇だった女の子が、お姫様として大成功する物語をね。
ＡＫＢは、はじめはこんなにダメだったけど、やっと自分の応援でここまできた。それをファンは体験したい。だったら最初からすごい美人やお姫様ではダメじゃないですか。[4]

「センターにいちばん向いてない」、「ダメだった」、「すごい美人やお姫様ではダメ」と、消極的な理由ばかりがあげられ、さらに、「しゃべりは全然ダメです」とも前田は評されています。

しかし、このような消極的な理由だけでセンターに選ばれたわけではもちろんありません。それだけでなく、「前田敦子っていう子には、やっぱり天才的なオーラがある」[5]からこそなのでした。

秋元のいう「オーラ」とはなんのことなのでしょうか。

この点を説明するために、秋元があげるのが、「わたしのことは嫌いでも、ＡＫＢのことは嫌いにならないでください」ということばです。前田敦子がこの発言をしたのは、第三回選抜総選挙で一位になったことが発表された直後のことで、大島優子の二位が発表される際に、会場のファンたちが自身の名前をコールしていたのを受けてのことでした。このような状況で、誰も予想しなかった発言をできることこそが、「なにか」や「プラスアルファ」なのであり、「オーラ」だというのです。同様の例として、次の選抜総選挙で篠田麻里子が後輩たちに向けて発した「潰すつもりで来てください」ということばもあげられています。

ＡＫＢのコンセプトは、「成長のドキュメンタリー」だったわけですが、ここで問題になるのは、そもそも「成長」とはなにかということです。

たとえば、前田敦子卒業後のＡＫＢの行方について、秋元は次のようにいっています。

僕がわくわくするのは、中心にいたエースの前田敦子がやめて、そんな復元力がＡＫＢ48でも成立するかということです。「もう前田はいないんだよ」というシチュエーションが、次に何を生み出すか。それが楽しみなんです。(6)

前田敦子が総選挙後に思いもしないことばを発することができたのと同じように、絶対的なセンターがいなくなった状況で、グループとしてのＡＫＢがどのように振る舞えるのかということが「復元力」であり、「成長」なわけです。もう後戻りはできない、前に進むしかないという状況に置かれること、それまでの物語としてはつながらなくなるとしても、連続性が断ち切られることで初めて、「成長」できるかどうかが試されるのです。「成長」は、新たな状況に置かれ、その状況に対して前向きな姿勢で臨むことによってこそ可能になるものなのです。

このような「成長」を体現することで、みずからのキャラクターを確立したのが、「総監督」の高橋みなみです。彼女は、二〇〇九年にチームＡのキャプテンに、そして、一二年に総監督に指名されるなど、センターではありませんが、ＡＫＢグループ全体のリーダーというべき存在でした。このようなリーダーシップを発揮する彼女も、前田敦子がそうだったように、リーダーにふさわしい人物の対極にあったようです。

リーダーシップとは天性のものではなく、環境が作るものだと。彼女に最初からリーダーシップらしきものがあって、それをオーディションで受かった直後から発揮したり、みんなを集めて聞いた不満や不安を僕にぶつけてきたりしたわけではないんです。高橋みなみは、本当に誰かの後についていくような子だった。ところが、お姉さんたちが卒業していなくなってしまい、もう頼る人もまとめる人も誰もいなくなったとき、彼女が輝き出した。やらざるを得ない状況が、リーダーを生み出した。(7)

高橋みなみは第一期メンバーですが、結成後まもなく、年上の同期メンバーが卒業したり、他チームへ移籍していくなかで、結果的にリーダーとなっていった、あるいは、リーダーへと押し上げられていきました。本人も、まわりの状況を見てのことだったと回想しています。

円陣のかけ声をかける人もいなくなったとき、ちょっとやってみたいなという気持ちが出てきたんです。誰もリーダーになる子がいないなら、そして誰かがリーダーをやらなければＡＫＢがよくならないなら、私がやりたいと思いました。(8)

このように、新たな状況に置かれることで、リーダー、そして、総監督へと成長していったのです。ファンの思いがけない反応を前にして、誰も予想もしなかったことばを発する姿は、このような成長を凝縮した瞬間にほかなりません。

この観点からすれば、「成長のドキュメンタリー」というＡＫＢのコンセプトは「ガチ」であり、「台本がない」ことは、メンバーを「成長」させ、そのプロセスをファンに見せるための仕掛けなのです。メンバーを新たな状況に置いてみること、それまでの連続性を断ち切ることこそが「成長のドキュメンタリー」を生み出すのであり、そのような状況を作るのが、プロデューサーの仕事なのです。

「プロダクト」より「プロジェクト」

ＡＫＢは、二〇一〇年にグッドデザイン賞の金賞を受賞していますが、その受賞理由もこのような「成長のドキュメンタリー」にこそあります。通常、工業製品や建築物に与えられるこの賞がＡＫＢというアイドルグループに与えられたのは、審査員の評価によれば次のような理由によってです。

情報のデジタル化はどんどん加速する。そんな時だからこそ今、人々は実際に体験出来るアナログな感覚を求めている。ＡＫＢ48は秋元康氏の全面プロデュースにより、２００５年に「会いにいけるアイドル」というその見事に時代をついたコンセプトをかかげ誕生した。秋葉原に専用劇場であるＡＫＢ48劇場を持ち、チームごとに日替わりでほぼ毎日ライブ活動をおこなうファンとのコミュニケーションを最大限に活用したアイドルとしてのあり方や、「ＡＫＢ48選抜総選挙」「ＡＫＢ104選抜メンバー組閣祭り」などファンから社会までを巻き込むプロジェクトの拡大。また東京秋葉原に加えて、名古屋・栄を拠点とする姉妹ユニットＳＫＥ48、大阪府大阪市なんばを拠点としたユニットＮＭＢ48など、日本三大都市すべてに大人数アイドルユニットを配し、地域に密着した活動を展開している。近年のエンターテインメントプロジェクトデザインとしては群を抜いた先見性と完成度で、社会に非常に大きなインパクトを与えた。今後もさらなる地方展開、海外展開をふまえ、ジャパニーズポップカルチャーをグローバルなエンターテインメントビジネスとして成立させる可能性を大きく感じさせるプロジェクトデザインである。(9)

「会いにいけるアイドル」という基本コンセプトをはじめとして、常設劇場での公演、選抜総選挙などの企画、派生グループの地方展開・海外展開が受賞理由にあげられていますが、それらが「プロジェクト」として優れていたというわけです。この「プロジェクト」が「成長」のことを指しているのは、「プロダクト」＝完成品との対比で考えればより明らかになるでしょう。「プロジェクト」は、「成長」し続け新たな状況に開かれてあり続けるかぎり、「プロダクト」になることはありません。「プロジェクト」としてあることが、メンバーの個々の振る舞いや発言のレベル、そして、個々のメンバーの歴史、さらには、グループ全体にまで貫かれて実現されているわけです。「プロジェクト」としてあることを秋元自身は、「ある種のスクラップ＆ビルド」、「戦略なき戦略」と評しています。

そうでありながら、他方では、連続性を強調し、ＮＨＫの朝の連続テレビ小説や、橋田壽賀子が脚本を書いていた『渡る世間は鬼ばかり』（ＴＢＳ、一九九五―二〇一五年）を例としてあげながら、「展開の仕方という意味では、ＡＫＢは連続ドラマ」だとし、次のようにも秋元はいっています。

　やっぱり連続性がおもしろい。普通のアイドルは、ある沸点まで到達すると、そこで止まってしまうんです。それを止まることなく、いかに連続させていくか[10]。

このように、秋元康は連続性の重要性に言及しつつ、同時に、「予定調和」や「戦略」ということばに対しては否定的です（「それは、僕が**「戦略」を持っていない**からです。普通は戦略を立てて、ああしてこうしてという絵を描きますけど、ＡＫＢでそれをやると予定調和になっておもしろくない。**僕自身もどうなるかわからないことを、いちばん大事にしている**んです[11]」）。あくまで、「沸点」までいたってから、それをさらにつなげていかないといけないわけです。その意味で、秋元のいう「連続性」は、つねにみずからを否定しながら成立するものなのであり、それゆえ、「ある種のスクラップ＆ビルド」、「戦略なき戦略」として、現状を否定しながら展開していかなければならないのです。

涙サプライズ

この点をよくあらわしているのが、さまざまなかたちの「サプライズ」です。たとえば、メンバーの所属チームをシャッフルし、それまでの関係性をご破算にし、新しい状況にメンバーを置くための仕掛けである「組閣」があります。二〇〇九年におこなわれた第一回の組閣では、年長の初期メンバーがＳＤＮ48専属となり、それとともに、現メンバーの入れ替え、研究生の昇格によって、アイドルグループとしての純化が推し進められました。一二年八月に開催された『AKB48 in TOKYO DOME〜1830m の夢〜』の際の第二回の組閣は、チーム４を解体し、さらに、博多だけでなく、上海やジャカルタといった海外グループへのメンバーの移籍がおこなわれるなど、大規模なものでした。一五年三月の『ＡＫＢ48春の単独コンサート〜ジキソー未だ修行中！〜』の際は、組閣ではなく「人事異動」と呼ばれましたが、新設されるＮＧＴ48との兼任メンバーが発表されるなど、国内のほかのグループを巻き込んでのメンバー入れ替えがおこなわれました。

このような組閣を頻繁におこなうことで、かつてのようなチーム推しが難しくなり、チーム内でのキャラクターも確立されにくくなり、逆に、一部のメンバーのみが突出することになるという弊害もあります。しかし、大阪のＮＭＢ48、名古屋のＳＫＥ48、福岡のＨＫＴ48といった国内グループが力をつけてくるなど、規模の大きくなったＡＫＢグループを全体として維持していくために、一部のメンバーを突出させることもいとわなくなったともいえるでしょう。いずれにしろ、組閣が重要なのは、移籍したメンバーだけでなく、受け入れる側も、新しい状況に置かれることになり、そのなかでどのように振る舞っていくのかを見せることができるからです。

このようなサプライズによって、自身のキャラクターの確立にもっとも成功したのが指原莉乃です。当初は、「へたれ」という異色のキャラクターで知名度を上げていき、バラエティ番組に単独で登場することもめずらしくなくなっていました。そのようなかで、「スキャンダル（ファンの男性との交際報道）」が発覚しました。恋愛禁止が原則とされ、同様の出来事で脱退していったメンバーがいたなかで、指原に課せられたのは、ＨＫＴへの移籍でした。スキャンダルの発覚自体がひとつのサプライズだったわけですが、それに対して、プロデューサーの秋元は移籍というサプライズで応えたわけです。発足して半年あまりのＨＫＴへの移籍は、当初は、どちらにとってもとまどいしか生んでないようでしたが、指原は若いグループを支えることで、新たなキャラクターの確立に成功しました。そして、それが、二〇一三年の総選挙での一位獲得へとつながりました。

このようなサプライズには、もうひとつ重要な面があります。それは、舞台上で、メンバーのリアクションを引き出し、それを見せる仕掛けにもなっていることです。先に、ネオTVに関して、「リアクション（reaction）」によって、視聴者との「関係性（relation）」はその極みに達するのだと指摘しました。リアクションとは、純粋なコミュニケーションを実現するものなのでした。

これはAKBのサプライズ企画にまさに当てはまります。つまり、サプライズは、メンバーのみならず、ファンにとってもサプライズなのであり、ファンも新しい状況に置かれます。新しいチームに移籍したメンバーや、メンバーが入れ替わったチームを推せるのかという問いが突きつけられるのであり、そこでどのように振る舞うかをみずからも考え、決定しなければならないわけです。

こうして、サプライズは、機械仕掛けの神としての運営側から、一方的に課されるわけですが、それに直面して、メンバーと同様、ファンもリアクションしかできない状況に置かれます。言い換えれば、サプライズ、そして、それが生み出すリアクションを介して、メンバーとファンのあいだの同一化が実現されるのです。

〈アイドル〉の「ハビトゥス」

このように、〈アイドル〉が学んでいくだけでなく、その姿を見て、ファンの側も学んでいくのです。なかでも、新しい状況、必ずしも納得できない状況にも前向きに臨む姿勢を学んでいくのです。

それは、先に、オードリー・ヘプバーンについて確認したことでもあります。この点で、学習するのは、〈アイドル〉だけでなく、ファンもであり、その意味で、〈アイドル〉は教育する存在でもあるのです。学習することと教育すること、その二重性を指すのが、「ハビトゥス」という概念です。

この概念をみずからの理論体系の中心に据えたのは、ピエール・ブルデューという社会学者です。とはいえ、「ハビトゥス」は彼のオリジナルの概念ではなく、アリストテレスの倫理学にまでさかのぼることができるものです。[12] ブルデューによれば、「ハビトゥス」とは、習慣として身体化された傾向性のことで、個々の場面における振る舞い方を規定するものです。そのため、「ハビトゥス」には、一方では過去の振る舞い方を継承するという側面がありますが、それと同時に、新しい状況でどう振る舞うかという、未知の状況、未来に対する開けという側面もあります。後者の側面がとくに顕著に浮かび上がるのは、ブルデューが社会学者として大成する以前におこなった、発展途上にあったアルジェリアの農村から都市に流入してきた人々についての民族学的研究においてです。移住者たちは、都市での不安定な新生活のなかで、それまでの伝統社会で身につけた知恵がもはや有効でないことを否が応でも経験します。都市生活に対して、不安を感じながら同化することと、反感をもって拒否することのあいだで揺れ動くのです。そのなかで、農村ではとくに意識することもなく実践していた伝統的な知恵が都市では意識化されることになります。つまり「ハビトゥス」が意識化されるわけです。

ブルデューは「ハビトゥス」を次のように定義しています。

永続的な傾向性の体系、構造化する構造として機能するよう前もって定められた構造化された構

P・ブルデューによる「ハビトゥス」

ハビトゥス：構造化されたと同時に構造化する構造として、個々の状況に臨んでの振る舞い方を規定する、身体化された傾向性

造[13]

「永続的な傾向性」や「構造化された構造」が指しているのは、蓄積されてきた伝統的な知恵や振る舞い方のことです。それが、「構造化する構造」として、新たな状況に臨んで、個々の具体的な振る舞いを生み出していくわけです。「ハビトゥス」とは「外的なものの内在化と、内的なものの外在化という二重のプロセス[14]」だともいわれています。それは、すでに存在している規範を身につけ＝「内在化」し、それを新たな状況において実行＝「外在化」するということです。こうして、実践とは、「状況とハビトゥスのあいだの弁証法が生み出したもの[15]」ということになります。また、その結果として、「構造化された」ものであり、「内在化」したものであるという「ハビトゥス」の過去志向的な側面によって、個々の実践は、「指揮者の組織化する活動の結果ではないにもかかわらず、集団的に編成（orchestrer）される」ことになります。つまり、人々の振る舞いは、個別的かつ集団的であり、社会学の誕生以来の根本問題である、個別的なものと集団的なもののあいだの対立が矛盾なく解決されることになるというわけです。

このように「ハビトゥス」とは、継承、蓄積され、現在において実行される傾向性のことです。つまり、身体化され、実効化される慣習のことです。しかしながら、このように定義するのでは、ブルデューが当初、この概念を使用したときの位置づけか

らすると、過去の側面を強調しすぎといえるでしょう。それでは新たな状況に臨んで即興的に振る舞っていくという側面、未来への開けという側面を取り逃してしまいます[16]。

新しい状況における振る舞い方を学び教える〈アイドル〉というメディア的形象は、このような「ハビトゥス」の未来志向的な側面を体現し、その媒介となっているというのがここでの主張です。「ハビトゥス」ということばは、社会学や民族学、さらに哲学の用語であり、聞き慣れないものかもしれません。しかし、現在の日本では、〈アイドル〉にかぎらず、いたるところで、「ハビトゥス」が注目されているのではないでしょうか。というのも、「地頭力」や「人間力」、「コミュニケーション力」のようなかたちで、さまざまな造語で使われている「〇〇力」は、まさにこの「ハビトゥス」にあたると思われるからです。

この点について、次々と「〇〇力」を生み出し、精力的に論じている齋藤孝の議論を参照しながら考えてみることにしましょう。

「〇〇力」

現在では、情報番組のコメンテーターとしても活躍している齋藤孝ですが、もともとは身体論をベースとした教育学者で、『教師＝身体という技術――構え・感知力・技化』（世織書房、一九九七年）などの書籍を発表しています。その延長線上で、二〇〇一年には、ベストセラーになった『声に出して読みたい日本語』シリーズ（草思社）と並行して、『「できる人」はどこがちがうのか』（ちくま新書）や『子どもに伝えたい〈三つの力〉』（ＮＨＫブックス）などで、さまざまな「〇〇力」を打ち出し、論じるようになります。たとえば、『読書力』（岩波新書、二〇〇二年）、『質問力――話し上手はここがちがう』『段取り力――「うまくいく人」はここがちがう』（いずれも筑摩書房、二〇〇三年）、〇四年の『コミュニケーション力』（岩波新書）、『コメント力――「できる人」はここがちがう』（筑摩書房、二〇〇四年）、『恋愛力――「モテる人」はここがちがう』（筑摩書房、二〇〇五年）、『「頭がいい」とは、文脈力である。』（角川書店、二〇〇四年）などがあります。

また、二〇〇六年に出版された「齋藤孝の天才伝」（大和書房）というシリーズでも、「少年力」（『サン＝テグジュペリ――大切なことを忘れない「少年力」』）、「悩み力」（『夏目漱石――人生を愉快に生きるための「悩み力」』）、「孤独力」（『シャネル――人生を強く生きるための「孤独力」』）、「無邪気力」（『モーツァルト――人を幸せにする「無邪気力」』）といった造語が使われています。

そのほかにも、「教え力」（『齋藤孝の「教え力」アップノート！――部下を伸ばして結果を出す』宝島社、二〇〇六年）、「家族力」（『子どもを伸ばす家族力』マガジンハウス、二〇〇六年）、「雑談力」（『雑談力が上がる話し方――30秒でうちとける会話のルール』ダイヤモンド社、二〇一〇年）、「対面力」（『「対面力」をつけろ！』光文社新書、二〇一三年）、「成熟力」（『成熟力――「45歳から」を悔いなく生きるリスタート！』パブラボ、二〇一三年）などの新しい「〇〇力」を考案するのと並んで、『人を10分ひきつける話す力』（大和書房、二〇〇五年）、『教育力』（岩波新書、二〇〇七年）、『100％人に好かれる聞く力』（大和書房、二〇〇七年）なども出版しています。

これでもかというぐらいの「〇〇力」ですが、そもそもこれらのことばを使うようになったのは、齋藤いわく、「生きる力」のようなお題目では抽象的すぎ、逆に、公文式のような反復練習で鍛えられる能力では具体的・個別的すぎるため、その中間にあるものの必要性を感じてのことだということです。

そしてこれらの「○○力」と、もともとの専門である身体論をつなぐカギは、齋藤が「すべての活動に通ずる最大公約数」とする「呼吸」[17]にあります。教養主義の再生を目的とした古典の朗読において中心的な役割を演じるのも呼吸です。

声に出して読むことは、書き手の身体を呼吸でなぞることです。[18]

『声に出して読みたい日本語』でも、意味だけではなく、ことばのもつリズムや響きの重要性を強調したうえで、次のようにいっています。

朗誦することによって、その文章やセリフをつくった人の身体のリズムやテンポを、私たちは自分の身体で味わうことができる。それだけでなく、こうした言葉を口ずさんで伝えてきた人々の身体をも引き継ぐことになる。世代や時代を超えた身体と身体とのあいだの文化の伝承が、こうした暗唱・朗読を通しておこなわれる。[19]

朗読はひとつの身体技法の伝達なのであり、「ハビトゥス」にあたるものであることが確認できます。

「○○力」が問題にしているのは、つまるところ、他者との関係性、コミュニケーションをどのようにうまくスムーズにおこなうかということであり、その観点からすれば、朗読が問題にしているのも、時代を隔てた先人とのコミュニケーション、時間を超えたコミュニケーションにほかなりません。

そして、その背景にあるのは、現代が、伝統的な価値観が崩壊し、大人が子供に伝えるべきことがわからなくなった時代だという認識です。つまり、社会が流動化するなかで、さまざまな状況に対応する一般的な能力として、これらの「○○力」がますます要請されるようになるわけです（逆にいえば、「○○力」として括られ、一般化されることで、個々の振る舞いは、状況ごとのその場かぎりの問題ではなく、その人の人となりの本質に関わるものとみなされるようになります。たとえば、失恋したという一回的な経験、偶然の出来事が、「恋愛力」が低いとされ、その人の本質的な性質として考えられるようになるということです。それはまた、後に見る〈キャラ〉化とも密接に関係しており、「○○力」は、〈キャラ〉の「スペック」を構成するものです）。先に見たように、「ハビトゥス」も、習慣、傾向性として蓄積されてきた伝統的な知・振る舞い方のことであり、新たな状況に置かれることで、それが意識化されるのでした。「○○力」も同様の文脈で問題化され、先の見えない状況への対処法を伝統的な価値観に見出そうというものなのです。

こうして、「ハビトゥス」にしろ、「○○力」にしろ、それらが問題になるのは、現代の社会が流動化し、先の見えない状況に人々が置かれるのが常態となっているからです。ここでそれらの概念が重要なのは、〈アイドル〉がそのような先の見えない状況での振る舞いかたを凝縮したかたちで——それゆえ、戯画的ともなりますが——体現しているからにほかなりません。新たな状況にサプライズとして晒され、それを切り抜けていくことでみずからの成長を証明していかなければならない〈アイドル〉たちは、そのような状況に対応する「ハビトゥス」＝「力」をファンに対して身をもって示し、伝達しているのです。

メディア・ハビトゥス

実際、二〇一四年に出版された指原莉乃の著書は、『逆転力――ピンチを待て』（講談社ＭＯＯＫ）と、新たな「〇〇力」をまさにタイトルとして掲げています。また、一五年に出版された高橋みなみの著書は、『リーダー論』（講談社ＡＫＢ新書）というタイトルですが、その帯には、タイトル以上の大きさで「まとめる力」と記されています。

このような「〇〇力」において、〈アイドル〉に関していち早く指摘されたのが「アイドル能力」なるものです。

〈アイドル〉論の古典というべき『アイドル工学』（筑摩書房、一九八九年）で、社会学者の稲増龍夫は、子供たちにビデオカメラを渡したところ、自分たちで司会やリポーターなど役割を決め、「ＴＶごっこ」をやり始めたというエピソードを語っています。子供たちは、カメラに向かって自然に話しかけるだけでなく、表情までもたくみに作ってしまうのです。

彼らはカメラに向かって話しながら、同時にそのカメラにとらえられている自分自身の姿＝ＴＶ画面に映る自分を思いうかべることができてしまうのである。[20]

この「アイドル能力」の核として指摘されるのは、テレビの影響によって生まれた、「自己像に対するフィードバック感覚」、「自己相対化感覚」です。このような感覚は、テレビに映し出されるはずのみずからの姿を、あらかじめ想像することによって可能になったものです。

「ハビトゥス」は、構造化されていると同時に構造化する構造と定義されていましたが、「アイドル能力」を特徴づける、メディアのイメージを介した「フィードバック」が指しているのも、このような構造にほかなりません。つまり、「アイドル能力」とは、メディアによってかたちづくられる「ハビトゥス」を取り出したものだったわけです。

先に、「ハビトゥス」概念が初期のブルデューにおいて持っていた未来志向的な側面を強調しましたが、ここでは、この概念が、メディア現象にも拡張されることを確認しておきたいと思います。このような拡張は、「ハビトゥス」概念を補完し、更新するものです。概念も、新しい対象を相手にし、新しい状況に置かれることで、成長していくわけです。

いずれにしろ、新たな状況に対しても前向きに臨む姿勢を伝えること、すなわち、「ハビトゥス」の伝達、「身体の技法」の受け渡しは、メディアの本質的な役割のひとつです。

このことは、第一のメディアともいうべき「文字」にも当てはまります。文字は、アルファベットのように音をあらわす表音文字や、あるいは漢字のような意味をあらわす表意文字といったように、なにをあらわしているかで分類されます。しかし、抽象的なものではなく、実際に書かれたものとして考えるなら、文字は、音や意味だけでなく、書いた人の身ぶりの痕跡でもあります。たとえば、古典を手本としておこなう臨書では、ただ文字の形をなぞるだけでなく、それを書いた人の身ぶりを再現しなくてはなりません。この意味で、文字は、書いた人の身ぶりを保存しているのであり、それを学ぶことは、文字に保存された身ぶりを解凍することなのです。(21)

「ハビトゥス」を定義する「構造化されていると同時に構造化する構造」が指しているのも、まさにこのような身ぶりの保存／解凍関係のことにほかなりません。身ぶりを保存したものとして「構造化された構造」であると同時に、その身ぶりを解凍することで、書く者の身振りを新たにかたちづくるものとして「構造化する構造」なのです。

そして、それは、〈スター〉や〈タレント〉、〈アイドル〉のようなメディア的な形象に関しても当てはまるのです。映画館を出た後に、いま見てきたばかりの〈スター〉の身ぶりや歩き方をまねていたり、バラエティ番組に出ているテレビ〈タレント〉の話し方に似てしまうことはよくあることです。〈スター〉や〈タレント〉、〈アイドル〉など、メディア的な形象は、ある種の振る舞い方を保存しているのであり、それを見る者は、保存されたその身ぶりを、意識しないうちに、みずからのものとし、個々の場面に臨んで、自身の振る舞いとして解凍し再現しているわけです。

しばしばメディアの影響や悪影響が話題になりますが、それも、メディアがこのように身ぶり、「ハビトゥス」を伝達するものだからなのです。

流動化した社会では、新しい状況に臨むことが常態になり、その都度、みずからの振る舞いを——「自己責任」の名のもとに——決定していかなければなりません。〈アイドル〉という存在は、このような状況に日々置かれたわたしたちに、前向きな姿勢で臨むことを教えてくれているのです。そして、それによってこそ、〈アイドル〉は、憧れや勇気を与えてくれる存在となるわけです。
続いては、こうして〈アイドル〉を通して伝達される「ハビトゥス」、また、それを要請する社会について考察を進めていくことにしましょう。

注

(1)『Quick Japan』vol.87、太田出版、二〇〇九年、七三ページ
(2) 秋元康／田原総一朗『AKBの戦略！――秋元康の仕事術』アスコム、二〇一三年、一一四ページ
(3) 同上、一二七―一二八ページ
(4) 同上、一四二ページ
(5) 同上、一四四―一四五ページ
(6) 同上、一四九ページ
(7) 同上、一五二ページ
(8) 同上、一七七―一七八ページ
(9) http://www.g-mark.org/award/describe/37071（二〇一七年二月一〇日最終閲覧）
(10) 前掲『AKBの戦略！』二〇七ページ
(11) 同上、一九五ページ
(12)「ハビトゥス（habitus）」は、ラテン語の「habere＝持つ（英語の「have」）」に由来することばで、現在の英語でも「habit＝習慣」として残っている。この「habit」は、現在のフランス語でも使われているが、「習慣」ではなく、「衣服」を意味している（元々は、「衣服」のなかでも、職業や役職に応じたものを指し

ており、その点で、「習慣」と同じく、また、「持つ」から派生したものであることにあらわれているように、「身につけられたもの」という意味を核としている)。ここで興味深いのは、先に見たオードリー・ヘプバーンは、新しい状況に臨み、新しい振る舞いを身につけていくとき、衣裳も替えていた。それは、ヘプバーン、なかでも、「シネマティック」と名指されたその身体がまさにこの「ハビトゥス」を具現化していたということである。

(13) Pierre Bourdieu, *Esquisse d'une théorie de la pratique*, Seuil, 2000 (1972), p.375.

(14) *Ibid.*, p.235.

(15) *Ibid.*, p.261.

(16) ブルデューにおける「ハビトゥス」概念の些細ながら重要な変容については、次の論文で詳細に検証した。西兼志「「ハビトゥス」再考——初期ブルデューからの新たな展望」『成蹊人文研究』第二三号、二〇一五年

(17) 齋藤孝『呼吸入門』角川書店、二〇〇三年、一六〇ページ

(18) 同上、一八二ページ。

(19) 齋藤孝『声に出して読みたい日本語』草思社、二〇〇一年、二〇二ページ

(20) 稲増龍夫『アイドル工学』ちくま文庫、一九九三年、九五ページ

(21) 文字に関しては、以下で論じた。西兼志「かくことをめぐって——記号・メディア・技術」日本記号学会編『ハイブリッド・リーディング——新しい読書と文字学』新曜社、二〇一六年

6　コミュニケーション文化と〈アイドル〉／リアル化するメディア環境

新たな状況に置かれたなかで、前向きに臨む姿勢を伝えること、すなわち、「ハビトゥス」の伝達という観点から、〈アイドル〉について考えてきました。ここでは、このような「ハビトゥス」を要請するのが、どのような社会なのかについてさらに考えていきたいと思います。

それはまた、なぜ、いま、アイドルグループが注目されるのかという問いを改めて考えることでもあります。

AKB以降の〈アイドル〉では、その成長過程に、劇場やライブ会場、SNSなどで、「間近で」立ち会うことができるようになったわけですが、それ以前はテレビのオーディション番組を通してでした。『スター誕生!』にしろ、『夕焼けニャンニャン』、『ASAYAN』にしろ、候補者たちは審査され、デビューできるかどうかを選別されていきました。そこで審査されるのは、なにも歌唱力やダンスなど、パフォーマンスにとって必要な能力だけではありませんでした。そのようなパフォーマンス以外の能力こそがますます審査の焦点となっていったのです。

それが顕著になったのは、モーニング娘。を生み出した『ASAYAN』です。というのも、この番組では、候補者が選別されていく、そのプロセスそのものに重点が置かれていたからです。そして、その選別は、候補者たちが一カ所に集められ、合宿生活を送るなかでおこなわれました。いわゆる

「リアルTV」のフォーマットに従っていたわけです。このような番組から、モーニング娘。は誕生してきたわけですが、それ以降の〈アイドル〉は、もはやテレビというメディアを介することなく、より直接に、みずからの成長、さらには私生活までを晒しながら、選別を経ていくことになります。

ここではまず、リアルTVがどういったものなのかを確認することにしましょう。

リアルTV

リアルTV（リアリティ番組）とは、十数名の若者たちが共同生活を送る様子を常時、撮影し、それを放送する番組のことです。各国で、さまざまなアレンジを加えながら放送されていますが、無人島でのサバイバルという要素を取り込んだ『サバイバー』（CBS、二〇〇〇年—）、〈アイドル〉を発掘する『アメリカン・アイドル』（FOXテレビ、二〇〇二—一六年）や、フランスの『スター・アカデミー』（TF1、二〇〇一年—）などがあります。日本では、フジテレビで放映された『テラスハウス』（二〇一二年—）もそのひとつだとされていますが、オリジナルのコンセプトからはかなり違ってしまっています。

リアルTVは、オランダで放送された最初の番組のタイトルが『ビッグ・ブラザー』（Veronica）であったように、監視社会の戯画という側面があり、放送当初、よかれ悪しかれ大きな反響を巻き起こしました。たとえば、フランスでは、のぞき趣味で低俗だとか、二四時間監視下に置くのは人道的に問題があるなどと批判されました（その結果、一日のうち二時間は撮影しない時間が必要になりました）。

筆者は、リアルTVのひとつである『スター・アカデミー』を、二四時間放送する専門チャンネルで、一シーズン、三カ月間、見る機会がありました。そのときのテレビのサイズの小ささも相まって、ちょうど水槽や飼育ケースのなかの金魚や昆虫を観察しているような気分がしたものです。

このようなリアルＴＶは、先に見たネオＴＶの流れに位置づけられるものです。ネオＴＶは、パレオＴＶと対置されていました。パレオＴＶは、生中継などでイベントや出来事を伝えることを中心とするものであったのに対して、ネオＴＶは、メディアとしての透明性を失い、伝えられる内容＝情報よりも、伝えることそのもの＝コミュニケーションに重きを置くものでした。そして、このようなメディアの不透明化というネオＴＶの中心となるのが、〈タレント〉というメディア的な形象でした。

フランスの社会学者のドミニク・メールは、ワイドショーやトーク番組が人気になり、夫婦の性的な問題や不倫、金銭問題など、人々の日常生活の「私的」な問題が赤裸々に語られるようになっている点に注目し、このような変化を遂げたテレビのことを「親密性のテレビ」と呼びました。そこでは、「私」的な事柄が「公」化するわけですが、その一方で、政治家などの「公」的な人物も、「私」生活への関心を切り口にしてテレビで取り上げられるようになります。つまり、「公」的なものの「私」化も見られるわけです。このような「公的」なものと「私的」なものの混淆がネオＴＶを特徴づけるものとして見出されます。ドミニク・メールは、「親密性のテレビ」を、「メッセージ的」に対して「関係的」、そして、「媒介的」に対して「エイジェント的」としてまとめています。つまり、単に「メッセージ」を伝えるだけでなく、視聴者と親密な「関係」を築くようになり、さらに話題を提供することで人々のあいだを「媒介」するだけでなく、既存の社会的制度が解決しきれていない問題に積極的に介入していく「エイジェント」としての役割をテレビが果たすようになるというわけです。

そして、メールは、リアルTVが、このようなネオTVの「極み」なのだといいます。

彼女が分析しているのは、『ロフト・ストーリー』(二〇〇一年―)という、フランスで大きな成功を収めた番組です。M6という若者向けのチャンネルで放送されましたが、この番組のフォーマットは、月曜日から土曜日まで毎日、その日の様子を伝える三五分の番組と七分のミニ番組が放送され、木曜日には、プライムタイムに二時間の番組が放送されるというものでした。番組のルールは、一一人の候補者――性別だけでなく、人種などの面でも、できるかぎり多様性を備え、社会状況を反映するように選ばれています――から、毎週、視聴者の投票によって、一人ずつ落選者が決められ、最後まで勝ち残った者が、一軒家を賞品としてもらえるというものでした。番組では、ダンスやゲーム、スポーツなど、リゾート施設でおこなわれるようなイベントに興じる姿も映し出されますが、重要なのは、参加者同士のやり取りであり、また、個室でカメラに向かっておこなう仲間についての打ち明け話です。そこで話題に上り浮かび上がるのは、政治や宗教などの問題ではなく、また家事などの日常的な問題でもなく、さまざまな背景を持ち選ばれて共同生活を送っている若者たちによる、仲間のあいだの感情的な関係性です。このような「ロフト=屋根裏部屋」内部での関係性を際立たせるうえで重要なのは、参加者たちが外部から切り離されていることです。そのため、電話やテレビなどのメディアの使用は完全に禁止されていました(脱落後にスタジオに呼ばれた参加者が、暗号を使って、外の世界で話題になっていることを、ロフトに残っている仲間に伝えていることが発覚した際には激しく批判されました)。メールはこの番組のなかで前景化してくるのが「関係的文化」だとし、それこそが『ロフト・ストーリー』の成功の秘密なのだと診断しています。

［関係的文化を特色とする社会とは―引用者注］何時間も、何時間も、若者たちが、自分たち自身やかれらが属している集団について語るのを喜んで受け入れ、耳を傾ける社会のことである。そして、この番組は、このような現代の若者の姿を鏡のように映し出しているのだ。(1)

それと同時に、番組に出演する若者たちは、職業的には必ずしも恵まれておらず、不安定な状況にあります。そのため、たとえ優勝して賞品を手に入れられなくても、メディアに露出し有名になることで、社会的に上昇するチャンスを与えられる点もメールは指摘しています。これは、日本における『テラスハウス』を考えてみれば、よくわかることです。つまり、この種の番組は、彼らにとって一種の職業紹介所的な役割を果たしており、まさに「エイジェント」になっているわけです。

この意味で、つまり、「関係的」であり、かつ「エイジェント的」である点で、リアルTVは、典型的なネオTVであり、その「極み」なわけです。

このようなリアルTVは、また、オーディション番組でもあります。しかし、その選別の基準は、歌やダンスなどの能力ではありません。むしろ、コミュニケーション能力、「コミュ力」であって、メールが「関係的文化」と呼んでいるのも、コミュニケーションに重きを置いた文化のことにほかなりません。

そして、このようなコミュ力によって、オーディションを勝ち抜いた彼らは、すぐれて〈タレント〉と呼ぶべき存在となります。この点は、日本語の「タレント」にあたることばのないフランスで、彼らが「元ロフト（ex-lofteur）」と呼ぶしかない存在であったことにもあらわれています。これは、〈アイドル〉、なかでも、かつてのおニャン子、現在ならAKBにも当てはまることでしょう（元ももクロの早見あかりはどうなるでしょう⁉）。

リアルTVと〈リアル・アイドル〉——ドキュメンタリーとフィクションの混淆

リアルTVはまた、スタジオ空間の拡張という観点から捉え返すことができます。生中継によって特徴づけられるパレオTVに対して、メディアとしての透明性を失うネオTVでは、〈タレント〉というメディア的な形象が前景化してくるわけですが、このようなメディアの不透明化はまた、テレビにおけるスタジオ空間の拡張をあらわしています。というのも、〈タレント〉たちが棲息するのは、スタジオ空間にほかならないからです。このようなネオTVにおけるスタジオ空間の拡張は、生中継を特徴とするパレオTVの魅力でもあり、リスクでもある、予想を超えた展開や偶然性を排除するものでもあります。この意味で、リアルTVは、スタジオ空間の拡張をさらに推し進め、日常生活や生活空間そのものまでもスタジオとすることを意図しています。それはまた、ドキュメンタリーとフィクションの混淆が極限まで推し進められるということです。

このようなリアルTVの特徴を凝縮しているのが、『ロフト・ストーリー』がキャッチフレーズとしていた「自分らしくあれ（Soyez vous-mêmes）！」ということばです。このことばはパラドクスにほかなりません。「矛盾」はふたつの正反対の主張がぶつかり合うものですが、「パラドクス」は自己矛盾のことで、この場合は、コミュニケーションのレベルで自己矛盾したメッセージを伝えるものとして、「語用論的パラドクス」と呼ばれます。というのも、もし、「自分らしくあれ！」という命令に従って、自分らしくあるなら、外から与えられた命令に従っているだけで、自分らしくないということになってしまいます。逆に、この命令など聞かずに、自分らしくしているならば、結果として命令通りに振る舞っていることになってしまいます。つまり、命令に従えば、従っていないことになり、従わなければ、従っていることになるわけです。これがパラドクスです。

このパラドクスを矛盾なく成立させるのが、日常とスタジオ、私的なものと公的なもの、ドキュメンタリーとフィクションが混淆した状況です。それは、コミュニケーションや関係性のただなかで生きること、あるいは、そう生きるしかないことによるものです。コミュニケーションや関係性を中心的な価値観とする世界で、「自分自身」であることは他者との関係に左右され、影響を受けるほかなく、その関係性＝相対性のなかでしか、自己は確認できないのです。閉じられた環境がリアルTVに欠かせないのも、このような関係性を際立たせるためにほかなりません。

そして、このような混淆によって、リアルTVは、単にネオTVを延長するだけではなく、質的に変容させることになります。それは、とくに、「現実」のステータスに関してです。中継を中心としたパレオTVでは、映し出されるべき現実が、メディアの外にあると想定されています。それに対して、ネオTVでは、フィクションが全面化し、現実が押し流されてしまいます。それが、リアルTVでは、フィクションがフィクションのままでひとつの現実となります。それは、リアルTVの出演者たちが具現していることです。彼らにとって、フィクションは、もはや演じられるものではなく、生きられるものなのです。言い換えれば、ネオTVでフィクションが全面化するのに対して、リアルT

Vでは、それが反転し、フィクションさえもがリアルとなるのです。それは、メディア化した日常を生きるわたしたちの姿であり、それゆえ、リアルTVなわけです。(2)

リアルTV時代のバラエティ番組とアイドルグループ

関係性を描き出すというリアルTVの特徴からすれば、『ASAYAN』のような番組から、本格的なヴォーカリストではなく、アイドルグループが誕生したのは必然ということになるでしょう。グループであるならば、売り物であった関係性——ライバル関係であれ、友情関係であれ——を維持し続けることができるからです。モーニング娘。の場合も、次々とオーディションをおこない、二期生、三期生とメンバーが増えていきましたが、それはこのような関係性を更新するためのものだったのです。

視聴者は、新しいメンバーの加入が引き起こす関係性の変化を悲喜こもごもで見ていたわけですが、選抜をおこなうプロデューサーのつんく♂自身にもどこか、昆虫観察や化学実験を楽しんでいるような雰囲気がありました。それは、リアルTVを二四時間、見ていたときに筆者が実感したものでもあります。

このような関係性の強調は、〈アイドル〉に関してだけではなく、バラエティ番組においても見られることです。関係性の強調をよくあらわしているのが、ゼロ年代以降に盛り上がりを見せているテレビ朝日系のバラエティ番組であり、そのなかでも雨上がり決死隊が司会を務める『アメトーーク!』です。

単発の放送を経て、二〇〇三年四月からレギュラー放送されている『アメトーーク！』は、複数のゲスト（お笑い芸人）が出演する集団トーク番組で、毎回、ひとつのテーマを決めておこなわれる、いわゆる「くくりトーク」を特徴としています。テーマごとに、複数の芸人が登場するわけですが、そこで重要なのは、くくられた芸人のあいだの関係性です。テーマはマニアックなものが多く、たとえば、芸人自身にスポットライトを当てたもの（メガネ芸人、運動神経悪い芸人、絵心ない芸人、滑舌悪い芸人……）や、アニメ（『ドラえもん』、『機動戦士ガンダム』、『新世紀ヱヴァンゲリオン』、『SLAM DUNK』、『ガラスの仮面』、『キングダム』……）、ゲーム（「ドラゴンクエスト」シリーズ、「ストリートファイター」シリーズ……）、プロレス（タイガーマスクや長州力だけでなく、越中詩郎なんていうのもありました）などのサブカルチャー、スポーツ（野球やサッカーの代表チームだけでなく、高校野球や広島東洋カープ、大谷翔平を取り上げた回もありましたし、ボーリングやサイクリング、ウォーキングなどもありました）など、実に多様なものです。

取り上げるのはこのようなマニアックなテーマであり、時代も昭和（「華の昭和四七年組」という回もありました）のものであったりするため、スタジオの若い女性の観客との反応のギャップから始まることもしばしばです。このようなギャップを埋める役割を担っているのが、司会の傍らに招かれるゲストであり、司会の雨上がり決死隊です。なかでも、蛍原徹は、あまりにマニアックな内容についていけないことを強調することで、エピソードを披露する芸人のトークだけでなく、観客、視聴者との関係を活気づける存在となっています。

『アメトーーク！』のこのような特徴は、同じ集団トークとして、テーマが設定され、くくりトークに分類されることもある『踊る！さんま御殿!!』（日本テレビ、一九九七年―）とくらべてみればより明らかになります。この番組は、「素人」の女性たちを相手にトークを展開した、同じく明石家さんまの『恋のから騒ぎ』（日本テレビ、一九九四―二〇一一年）の芸能人版というべきもので、毎回、さまざまなテーマが設定され、それについてのトークが繰り広げられます。しかし、『アメトーーク！』と違って、『踊る！さんま御殿!!』に出演する〈タレント〉たちには必然性はあまり感じられず、毎回ほかの〈タレント〉であっても大して変わらなかったのではないかと思われる人選です。ただその結果、出演者の意外な素顔が明らかになり、〈タレント〉に新たな〈キャラ〉を確立させるという面もあります。また、先に確認したように、明石家さんまは、〈タレント〉のなかの〈タレント〉というべき存在なわけですが、『踊る！さんま御殿!!』でも、トークの進行の交通整理をするというより、オチもボケもすべて自分で決めるというかたちで番組の中心を占めています。この点は、『アメトーーク！』と出演者が重なる『さんまのお笑い向上委員会』（フジテレビ、二〇一五年―）を考えれば、さらにわかりやすくなるでしょう[3]。

『アメトーーク！』のプロデューサーを務める加地倫三によれば、出演者との打ち合わせは、個別にではなく、全員を集めておこなうとのことです（「みんなで打ち合わせするようにしたのは、うまくチームプレイをしてもらうための「たくらみ」です」[4]）。そして、出演者も、人気のある人や目立つ人を集めるのではなく、出演者全体が活きるような配置を考えているそうです。たとえば、そのテーマにくわしく、トークをリードしていける「核」となる人、その核となる人を「イジれる人」、そして、ガヤを入れるなどして場を盛り上げる「かき回し役」、さらに、独特の視点で語れる人や、「大ボケ」のできる人などを配置するのを理想としているということです。このような役割分担を考えたうえでキャスティングされているわけですが、その役割分担は、ひな壇での位置にはっきりあらわれています。つまり、「核」になる人は、司会に一番近い最前列の席に、その隣に「イジれる人」、そして、一番離れたところに「かき回し役」を置き、二列目の司会に近いところには、安定感のある人、そして、大外には「おおボケ」が配置されます。

そして、司会を務める雨上がり決死隊のふたりについても、加地は、「一歩引くこと」ができるところこそがすごいのだと賞賛しています。つまり、明石家さんまのように自分の面白さをぐいぐい見せつけるよりも、ゲストの面白さを引き出すことに徹しているというのです。その意味で、技を受けることがより重要なプロレスに似ているといえるかもしれません。

このような特徴は、雨上がり決死隊が、「吉本印天然素材」（「天素」）という芸人ユニットを経験していたこととも無縁ではないでしょう（もっとも、明石家さんまも、若かりし頃、『ヤングおー！おー！』（毎日放送、一九六九―八二年）という番組内で「SOS」というユニットを組んでいましたが、このユニットは明石家さんまのために組まれたものでした）。「天素」は、一九九一年に心斎橋筋2丁目劇場から生まれた芸人ユニットで、雨上がり決死隊のほかに、FUJIWARA、バッファロー吾郎、ナインティナイン、チュパチャップス（星田英利、宮川大輔）、へびいちごという、多くは現在でも活躍している芸人から構成されていました。このユニットは、お笑いだけでなくダンスもおこなうなど、アイドル的人気を博しました。〈アイドル〉のお笑いへの接近とは逆に、お笑い芸人が積極的に〈アイドル〉化を狙ったわけです。

この意味で、雨上がり決死隊が司会を務める『アメトーーク！』は、チームプレイ、ロールプレイに支えられたトーク番組であり、ひな壇の芸人の配置に具現化された関係性こそを見せる番組なのです。そして、この点で、この番組はすぐれて現代的なものであるわけです。

先に見たように、〈アイドル〉を中心として形成される文化でも、関係性が前景化してくるわけですが、このような特徴によって、〈アイドル〉もまた、現在の文化のひとつの中心的な現象なのです。(5)この点を凝縮したかたちであらわしているのが、ＡＫＢのドキュメンタリー作品です。

関係性のドラマを生きること――ドキュメンタリーが描き出すＡＫＢと〈ネオ・アイドル〉

ＡＫＢについては、これまで、数本のドキュメンタリー映画が公開されていますが、なかでも、二〇一二年の『DOCUMENTARY of AKB48 Show must go on 少女たちは傷つきながら、夢を見る』（高橋栄樹監督）、そして、翌年の『DOCUMENTARY of AKB48 No flower without rain 少女たちは涙の後に何を見る？』（高橋栄樹監督）は、ＡＫＢのイメージが、関係性をめぐるドラマから成り立っていることを明らかにしています。

まず、『Show must go on』ですが、震災を経験した研究生のインタビューから始まっているように、震災後の二〇一一年五月以来おこなわれている被災者たちとの交流の様子が作品を貫く縦糸になっています。現在にいたるまで継続されている被災者支援のイベントですが、握手会がなによりの交流の場であることを思い出させてくれるものです。

続いて描かれるのは、先にも触れた第三回の総選挙です。そこで、センターに返り咲いた前田敦子が「わたしのことは嫌いでも、ＡＫＢのことは嫌いにならないでください」と絶叫し、大島優子がファンの投票を「愛」と断言しました。これらのことばがあらわしているのも、ＡＫＢがファンとの関係から成り立っているということにほかなりません。そして、バックステージでは、それぞれの順位を涙とともに受け止める中心メンバーの姿が描き出されていますが、そこで前景化してくるのも、メンバー間の関係性です。

これに続くのが、このドキュメンタリーの中心となる二〇一一年七月二二日から二四日の三日間、西武ドームで開催された『ＡＫＢ48 よっしゃぁ〜行くぞぉ〜！ in 西武ドーム』の様子です。そして、その主役となるのが、前田敦子と高橋みなみのふたりです。

初日の公演は、初のドーム公演だったこともあり、プロデューサーの秋元康自身が「知りうるかぎり最悪のコンサート」と評すほどの出来でした。それを受け、翌日の公演に向けて懸命の修正が試みられるわけですが、その中心となるのが高橋みなみです。彼女は秋元のもとに赴き、思いを打ち明けた後、メンバーたちを前にして、公演が不調に終わったことの悔しさを吐露します。そして、翌日の公演を立て直すべく、メンバーたちを鼓舞し、照明もなく暗くなった駐車場で練習をおこなう姿が映し出されます。

このような立て直しは、翌日の公演前のリハーサルまで続き、公演を成功させるべく、中心メンバーたちもそれぞれに案を出し合います。ところが、その最中に、前田敦子が過呼吸で倒れてしまい——そのときに、まっさきに落ち着かせようとしたのも高橋みなみでした——担架で運ばれていきます。不動のセンターが倒れたわけで、それを埋め合わせようとすると、玉突き的にポジションが変更されるメンバーが出てくることになります。そして、開演直前、高橋みなみを中心に組まれたチームAの円陣に前田敦子がケレン味たっぷりに復帰してきます。このシーンは、本作の見せ場のひとつです。

こうして、開演を迎えるわけですが、ここからは、多くのメンバーが熱中症や過呼吸になるバックステージの様子が二〇分以上繰り広げられます。甲子園の高校球児にたとえるにはあまりに壮絶な光景です。前田敦子はなんとかステージに戻るものの、そこでも過呼吸の症状を呈し、まともに話すこともできません。ここでもまた、高橋みなみが前田敦子を落ち着かせようとします。このような状態にもかかわらず、みずからがセンターを務める「フライングゲット」を前田は演じきります。

以上のように、前田敦子と高橋みなみがこのドキュメンタリー作品の中心となっているわけですが、ただ同じ中心でも対照的な存在です。つまり、前田敦子は、不動のセンターとして、まさに動かず、ただ存在すること、あるいは、不在になることで、メンバーのあいだの関係性を再確認させます。それに対して、高橋みなみは、メンバーやスタッフのもとに赴き、動き続けることで、この関係性を維持しています。つまり、高橋みなみは、より積極的な意味で関係的な存在といえるでしょう。

このような西武ドームでの公演に続いて、新たに結成されたチーム4の様子が描かれます。そこでもまた、関係性をめぐるドラマが中心となります。キャプテンに選ばれた大場美奈が、恋愛禁止の規則に反したため謹慎することになりますが、そこで描かれるのも、次作で主題となる恋愛禁止そのものではなく、チーム内の関係性の変化です。まず、謹慎中の大場美奈に代わって、島田晴香がキャプテン代行を務めることになります。こうしていったん関係性が変化するわけですが、それが、大場美奈の復帰によって改めて動くことになります。このふたりのあいだの関係性は、先に描かれた前田敦子と高橋みなみの関係性を演じ直したものにほかなりません。

このように描き出される関係性をめぐるドラマによって、それぞれのメンバーのキャラクター、そして、AKBというグループのイメージがかたちづくられているわけです。

次作の『No flower without rain』でも、総選挙やドーム公演、じゃんけん大会が描かれます。ドーム公演についていえば、前作では、西武ドームのバックステージが作品の中心となっていましたが、今作では、結成時から目標としてきた東京ドームでの公演が中心となります。そして、前作ではバックステージで演じられていたメンバー間の関係性のドラマが、今作では、組閣というメンバーの配属先の変更がステージ上で発表されることで、サプライズとして、ファンのまさに目の前で繰り広げられることになります。そして、前年の西武ドームでは準備はしていたものの、実現はしなかった前田敦子の不在が、卒業というかたちで現実のものになります。それにともなう関係性の変化も実際に生じることになり、新たなセンターをめぐるドラマが描かれます。

また、前作では、チーム4での、恋愛禁止の規則に反したことによる関係性の変化が描かれていましたが、それに対応するのが、指原莉乃の異動にともなうHKTでの関係性の変化です。既存のメンバーのポジションが変わるだけでなく、それまでヘタレというキャラクターが与えられていた指原が、若いメンバーたちの指南役という新たなキャラクターを身につけることになります。

先にも指摘しましたが、この恋愛禁止が、今作の中心的なテーマであり、縦糸をなすものです。指原莉乃だけでなく、プライベート写真が流出した初期メンバーの平嶋夏海がファンの前で卒業を発表し、謝罪する姿が作品の最初と最後で描かれています。さらに、恋愛禁止についての中心メンバーたちの思い、覚悟が語られていきます。

この恋愛禁止というルールは、関係性の観点からいえば、前作の縦糸であった被災地での交流と正反対のものです。握手会のような交流が、外部との関係性を開くものであるのに対して、恋愛禁止は、外部との関係性を閉ざすものにほかなりません。

そして、このような観点から見るなら、AKBにおける恋愛禁止というルールが、リアルTVの出演者たちを、外部から切り離し、閉じられた環境の内部で築かれる関係のただなかに置くのと同様の設定であることが明らかになります。このような設定であることこそが、恋愛禁止の意味なのです。つまり、恋愛禁止は、グループ内部での関係性を前景化させるための仕掛けなのです。逆にいえば、AKB内部における関係性は、恋愛禁止というかたちで、外部との関係から切り離されることで純化され、際立つわけです。

先に〈アイドル〉が、「成長のドラマ」を見せることから成り立っていることを確認しましたが、これらのドキュメンタリーで記録されているのは、関係性のただなかでの成長です。そして、それをもっともよく体現していたのが、前田敦子だったのです。このように、「成長」は、関係性のなかでこそ実現されるものであり、シンデレラストーリーのような変身物語ではなく、関係性のただなかで生きていくこと、関係性によって活かされていく姿を描いた物語です。秋元は『がんばれ！ベアーズ』といっていましたが、落ちこぼれであるにもかかわらず、あるいは、それゆえの成功なのではなく、あくまで関係性を生き抜いたからこその成功なのです。その意味でも、グループは必須の枠組み

メディア環境とアイドル

パレオ・アイドル：「俳優」と「役」の二重性を保ち、メディアの外にある、生活人の現実を温存

ネオ・アイドル：「役」＝フィクションの世界が全面化

リアル・アイドル：フィクションである〈アイドル〉を日常として生きる

なのです。

　このような特徴はリアルTV的なものですが、先にも確認したように、ドキュメンタリーとフィクションの混淆、言い換えれば、演じるのではなく、フィクションを生きるというのがリアルTVの特徴でした。フィクションを生きるアイドルの姿は、日々、SNSなどを通じて発信されるエピソードと地続きのものであり、両者は互いにリアリティを強化しています。成長のドラマを描き出すドキュメンタリーは、この特徴を、凝縮したかたちであらわしているのです。

　そして、それは、パレオTVとネオTVが山口百恵と松田聖子というふたつのアイドルのモデルに対応していたように、ふたつのモデルを矛盾なく成立させる現在のアイドルグループを誕生させるのが、リアルTV的な環境だということです。ネオTVがフィクションを全面化させ、パレオTVにおいて映し出されると想定されていた現実を追いやってしまったのを、リアルTVは反転させ、メディア化された日常を現実とするのでした。〈アイドル〉に関していえば、〈パレオ・アイドル〉が、引退して帰っていくべき生活人の現実をいまだ持っていたのに対して、〈ネオ・アイドル〉は、何をしようと〈アイドル〉というフィクションに回収されるのでした。それが、リアルTV的な環境で〈アイドル〉たち——〈リアル・アイドル〉と呼ぶことにしましょう——は、〈アイ

ドル〉であるというフィクションをみずからの日常として生きることを強いられるのです。
こうしてフィクションとドキュメンタリーが混淆し、フィクションを生きることが一般化した環境で、関係性のドラマを生きることでしか確認されないアイデンティティをあらわすのが〈キャラ〉なのですが、この点については、章を改めて見ていくことにしましょう。

注

（1）Dominique Mehl, «La télévision relationnelle», *Cahiers internationaux de sociologie*, n°112, Presses Universitaires de France, 2002, p.81.

（2）西兼志「メディア行為としての恋愛禁止――アイドルと恋愛」『恋愛の見えざる力――文化的現象としての恋愛とイデオロギー』風間書房、二〇一七年（近刊）

（3）このような明石家さんまと雨上がり決死隊の対照性は、男性アイドルでいえば、ＳＭＡＰと嵐の対照性ということになるであろう。その意味で、嵐は現代的なアイドルグループである。

（4）加地倫三『たくらむ技術』新潮新書、二〇一二年、一六二ページ

（5）ここでは、「関係性」「コミュニケーション」という観点から、テレビ朝日系のバラエティ番組を取り上げたが、ドキュメンタリーとフィクションの混淆という意味では、テレビ東京系のバラエティ、なかでも『ゴッドタン――The God Tongue 神の舌』（テレビ東京、二〇〇五年―）をあげることができるだろう。

7 〈キャラ〉と〈アイドル〉／拡張されたリアリティ

〈キャラ〉とは？

映画というメディアが〈スター〉を生み出し、テレビのなかでもとくに一九八〇年代的なネオTVが〈タレント〉を生み出してきたわけですが、デジタル化によってメディアが遍在化するようになる九〇年代以降に広がるのが、〈キャラ〉です。

〈キャラ〉は、「キャラクター」を短縮したものですが、「キャラクター」ということばが使われるようになったのは、一九三〇年代のアメリカで、アニメの主人公たちが人形や時計に採用されるようになってからのことだとされています。それが日本へ導入されたのは、『白雪姫』(デイヴィッド・ハンド監督、一九三七年)や『バンビ』(デイヴィッド・ハンド監督、一九四二年)といったディズニーのアニメ映画の配給に際してのことで、それらの主人公をさまざまな商品に使用するためのライセンス業務で、「fanciful characters」と呼ばれたのでした(1)。

このようなディズニーや、日本では任天堂やサンリオなどの、世界的にも知られており、また版権の管理の厳しい、いわば正統的な「キャラクター」は、〈キャラ〉ではなく、「キャラクター」と呼んだほうがしっくりきます。それに対して、企業や自治体のいわゆる「ゆるキャラ」はやはり、「キャラクター」では仰々しく、〈キャラ〉と呼ぶしかないものでしょう。

このような〈キャラ〉の存在が認知され、それだけでなく、「キャラ立ち」「キャラかぶり」といった表現とともに若者のコミュニケーションを中心に、〈キャラ〉が広まっていったのが一九九〇年代だったのです。九〇年代になって、「キャラクター」とは量的にも質的にも異なった存在としての〈キャラ〉が誕生したわけです。

先に、トーク番組に関して、明石家さんまと雨上がり決死隊の違いについて触れましたが、それは関係性に対する態度の違いでした。先にも見た社会学者の太田省一は、このような一九八〇年代以降のお笑いを中心としたコミュニケーションの変化を、〈キャラ〉の観点から論じています。その変化は、「ボケ」と「ツッコミ」という関係性から、「ツッコミ」が衰退し、「フリ」がそれに取って代わっていくというものです。

結局、現在の「笑い」を典型的に構成する一対の明示的所作としてあるのは、ボケとツッコミではなくフリとボケだといえるだろう。ボケに対するのは、ツッコミではなくフリである。フリとは、他者のキャラをなぞるというかたちで、他者を成立させようとする行為である。受け手は、フリをすることによってボケを促し、その結果、「笑い」の関係性を享受する。だがフリはこれまで見てきたように、他者のボケを強く限定するわけではない。うまくボケてもボケなくても、あるいはボケることとそのものに失敗しても、それはキャラの範囲内のこととして承認できるのだ。はずすかはずさないかは、最終的に重要ではない。大切なのは、フリというかたちで律儀に与えられるきっかけに対し、「キャラ」としてこれまた律儀に応えようとする意思なのである。それ

は、暗黙のうちに共有された「笑い」の空間の作法である。(2)

ここで強調されているのも関係性であり、コミュニケーションです。良好な関係性・コミュニケーションを維持するのに有用なのは、それまでの関係性・コミュニケーションをいったん突き放す「ツッコミ」ではなく、それを丹念になぞる「フリ」なのであり、それによって、互いの〈キャラ〉を確認し合うことが作法になっているというわけです。それができるかどうかが、いわゆる「空気」を読めるか読めないかということです。

〈キャラ〉にとって、このような関係性やコミュニケーションが重要なことは、社会学者からだけでなく、マンガやアニメの分析からも指摘されています。

マンガ評論家の伊藤剛はマンガ表現論の観点から、〈キャラ〉を「キャラクター」と区別しながら定義しています。それによれば、〈キャラ〉は「多くの場合、比較的に簡単な線画を基本とした図像で描かれ、固有名で名指されることによって（あるいは、それを期待させることによって）、「人格・のようなもの」としての存在感を感じさせるもの」(3)、「何か「存在感」「生命感」のようなものを感じさせるもの」(4)とされます。それに対して、「キャラクター」は、このような〈キャラ〉の存在を基盤とし、「人格」を持った「身体」の表象として読むことができ、テクストの背後にその「人生」や「生活」を想像させるもの」(5)とされます。つまり、「キャラクター」は〈キャラ〉を前提とし、物語が展開していくにつれ、読む側が共感を持つようになり、あたかも「人間」であるかのように受け容れられるものです。逆に、〈キャラ〉はそのような物語からは独立に、強烈な「存在感」を持っています。既

伊藤剛によるキャラ／キャラクター
キャラ：物語の文脈がなくとも存在感を発揮する人的な形象
キャラクター：物語の文脈のなかで存在感を発揮する登場人物

存の作品を基にする二次創作は、対象となる形象の〈キャラ〉としての力や存在感を示すものにほかなりません。逆に、二次創作に対する、本来の世界観と違っているなどの批判は、「キャラクター」性を擁護しているのだということになるでしょう。

伊藤の議論を太田の議論と重ね合わせるなら、仲間内の関係性やコミュニケーションの維持を担った存在としての〈キャラ〉とはむしろ、「キャラクター」を指しているといえるでしょう。

このような伊藤の議論をふまえつつ、精神科医の斎藤環も〈キャラ〉について論じています。斎藤は〈キャラ〉を論じるにあたり、「ペルソナ」と対置します。それによれば、「ペルソナ」はディズニーのキャラクターに代表されるものであり、あくまでわたしたちと共感しうる「人間」として行動し、「間主観性」によって特徴づけられる存在です。それに対して、〈キャラ〉はサンリオのそれを典型とし、「形態的な類似性のみを媒介とした一種のイコン」のことです。二次元の世界にとどまらず、コミュニケーション一般における現れを指す〈キャラ〉もまた、「ペルソナ」と区別されるべきものです。

主体が単一で自立したものであるがゆえに、ペルソナは取り替えがきく。しかしキャラは、単一の所有物ではなく、対人関係の文脈においてその都度生成させられるものであるがゆえに、コントロールがきかない。(6)

斎藤環によるキャラ／ペルソナ
キャラ：個々の文脈・関係性によって決定される現れ
ペルソナ：不変の同一性を背後に保持した現れ

「ペルソナ」は、どんな文脈であっても変わることのない同一性をその背後に前提しているのに対して、〈キャラ〉にはそのような同一性が欠けており、その都度の関係性、文脈においてしか存在しないわけです。このように、斎藤による議論で重要なのは文脈やコンテクストの概念です。

この概念については、斎藤の別の論考で主題化されています。[7] そこでは、虚構の存在であるキャラクターが実在感を獲得するには「文脈性」を欠くことができません。たとえば「シャーロック・ホームズ」のような小説の登場人物の場合、物語が展開していくにつれて、徐々にそのアイデンティティが確立されていきます。それに対して、マンガでは、そのアイデンティティを「一挙に」確立することができます。このように、「「文脈性」を瞬時に伝達する」という意味で、マンガは「ハイ・コンテクスト」なメディアだとされます。

ここで注意する必要があるのは、この「ハイ・コンテクスト」概念が、文化人類学者のエドワード・ホールによる、いわゆる「ハイ・コンテクスト」とは異なっていることです。ホールは、たとえばアメリカが「ロー・コンテクスト」な社会であるのに対して、日本は「ハイ・コンテクスト」な社会だといいます。文化的な決まり事がそれほど共有されておらず、明瞭に発せられた情報でなければ相手に伝わらないのが「ロー・コンテクスト」な社会であるのに対して、決まり事が暗黙裡に共有されてい

ふたつの「ハイ・コンテクスト」

E・ホール：文化的なルールが暗黙裏に共有されており、物語を前提にした「キャラクター」に対応

斎藤環：その都度、瞬時に確立されねばならず、〈キャラ〉に対応

るのが、「ハイ・コンテクスト」な社会であり、そこでは、以心伝心や阿吽の呼吸――「空気」と呼ばれるものです――が可能になります。

このように定義される「ハイ・コンテクスト」概念に対して、斎藤のいう「ハイ・コンテクスト」は、既存の文脈性を前提とせず、「瞬時に伝達される」文脈性のことです。言い換えれば、既存の文脈を前提としないものであるため、その都度、文脈が確立されるということでもあります。

この観点からいえば、伊藤の提唱した〈キャラ〉と「キャラクター」の区別は、このふたつの「ハイ・コンテクスト」概念に対応したものです。つまり、物語内で徐々に作り上げられ、物語世界を前提としている「キャラクター」は、ホールのいう意味での「ハイ・コンテクスト」的な存在です。それに対して、〈キャラ〉は、事前のコミュニケーションや既存の関係性を前提にせず、その都度、確立されていくという意味での斎藤のいう「ハイ・コンテクスト」的な存在なわけです。

このような〈キャラ〉的なものは、〈アイドル〉とは何かを明らかにしていくうえでも重要なものです。この点に関して、斎藤は「キャラ消費」という観点から論じています。

「キャラ消費」

斎藤は〈キャラ〉こそがAKBの人気の最大の要因だと診断します。メンバー

個々の顔の美醜などといった身体的な特徴でもなければ、歌唱力や演技力でもなく、重要なのはあくまで〈キャラ〉であり、彼がいうところの「キャラ消費」のゆえに、AKBは国民的と呼ばれるほどの人気を獲得できたというのです。ここで〈キャラ〉は、次のように定義されています。

一見「性格」と同義語にもみえるが、必ずしもそうではない。というのも、性格という言葉には個人のなにがしかの本質があるといまなお思われているが、「キャラ」は本質とは無関係な「役割」にすぎないからだ。

つまり、ある人間関係やグループの内部において、その個人の立ち位置を示す座標が「キャラ」なのである。それゆえ所属する集団や関係性が変わると、キャラも変わってしまうことがよくある。(8)

ここで指摘されている「性格」は、先の「ペルソナ」にあたるものですが、〈キャラ〉=役割は、メンバー間の関係性、それぞれのメンバーの立ち位置、ポジションから成り立っているのであり、AKBには、このような関係性を生み出すためのシステムが巧みに備わっているというわけです。そこでまず重要なのは、四八人という人数です。このように多人数であることで、学校の教室と同じく、「キャラの生態系」が成立し、そのなかで、それぞれが棲み分けながら、〈キャラ〉が確立していくのです。さらに、「チーム」などのサブグループや、総選挙による「序列化」が複合的に働くことで、メンバー間のキャラ分化がより複雑なものになります。

この数の力＝「集団力動」と、その大人数をさまざまなかたちで編成すること＝「構造的力動」はともに、メンバーの〈キャラ〉形成に資するわけですが、ここで忘れてはならないのは、そこには、ファンの参加も必須の要素として組み込まれていることです。いわゆる「推し」のことですが、ＡＫＢでは、総選挙や握手会において、明確な結果として——ときに、メンバー、ファン双方にとって残酷なかたちで——突きつけられます。そして、この結果は、メンバーの〈キャラ〉形成において、大きな影響を及ぼします。こうして、メンバーの〈キャラ〉に、ファンはまず引きつけられます。そのファンの存在が、今度は、メンバーの〈キャラ〉形成を促すことになり、そうして形成された〈キャラ〉がさらにファンを引きつけるというかたちで、〈キャラ〉のやり取りを介して、メンバーとファンのあいだにある種の相互関係、すなわち、「「キャラ消費」の循環システム」が成立することになります。

> ＡＫＢは、「集団力動」にサブグループや序列化という「構造的力動」を加味することで、各メンバーのキャラを固定化し、認識しやすいシステムをつくりあげた。ファンは、彼女たちのキャラを消費したいという欲望によって動機づけられ、さらに自らの欲望が序列化を介して直接「推しメン（自分が支持しているメンバー）」のキャラ形成に関わりうるという事実によって、いっそう強く動機づけられていく。つまりそこには、理想的な意味での「キャラ消費」の循環システムが成立しつつあるのだ。[9]

このような「「キャラ消費」の循環システム」においては、アイドルとファンとのあいだに、想像的に、互酬性――〈キャラ〉を与え、与えられるという相互的な関係性――が確立されます（斎藤は、それを「アイドル消費D」と呼んでいます）。総選挙や握手会は、このような互酬性が端的にあらわれたものであり、それを確認し享受するための仕組みなのです。大島優子は、ファンによる投票を「愛」といいましたが、それはこの互酬性を言い表したものだったのです。

〈キャラ〉と「キャラクター」の循環

このような「キャラ消費」を、先の伊藤剛の〈キャラ〉と「キャラクター」という観点から捉え返すなら、「キャラクター」を更新していくことで形成されるのが〈キャラ〉ということになるでしょう。

ファンが介在する「選抜総選挙」、あるいは「リクエストアワー」であれ、運営側によってなされる「組閣」であれ、斎藤のいう「構造的力動」を導入する仕組みは、メンバーを新たな状況に置くものです。その意味で、「キャラクター」を〈キャラ〉化するものであり、偶然性やゆらぎを与えることで、「キャラクター」を更新することになります。それはそれまでの「キャラクター」を強化することもあるでしょうし、変更することもあるでしょう。このような偶然性、ゆらぎがグループを活性化するうえで欠かせないからこそ、「じゃんけん大会」のような企画が毎年、おこなわれているわけです。

さらに、この〈キャラ〉と「キャラクター」の関係を先に見たメディアの現象学の観点から捉え返すなら、「キャラクター」がすでにある物語世界を前提とし、そこで存在しているという意味で、過去志向的、過去把持的なのに対して、そのような物語世界を超えて、つねに新しい環境に晒されることで確認される〈キャラ〉は未来志向的、未来予持的ということになるでしょう。

そして、〈キャラ〉と「キャラクター」は、これは〈キャラ〉、あれは「キャラクター」というように、別々の存在を指すものというより、たとえ同じものであっても、その異なった側面を指すものです。それは、過去把持と未来予持が、現在において働いている記憶であり予期である、言い換えれば、現在時の分かちがたいふたつの側面であるのと同様です。つまり、〈キャラ〉も「キャラクター」のように既存の物語に取り込まれていくことがあるわけですし、「キャラクター」もつねにゆらぎの可能性があり、〈キャラ〉化しうるのです。サプライズ企画によって、新しい状況に置かれるとしても、いつのまにか、またかと、いつか見たあたりまえの風景としか思われなくなることもあれば、同じことをやっているようでも、それにもかかわらず、新たな面が垣間見え、驚かされるというのもよくあることです。このふたつの側面が絶妙なバランスで存在していることこそが〈アイドル〉の魅力なわけであり、そのバランスが取れているからこその〈アイドル〉ともいえるでしょう。

このように、AKBの場合、「集団力動」と「構造的力動」が巧みに作用するための仕組みが備わっており、それによって可能になる「キャラ消費」が人気の原動力になっているわけです。しかし、多くのアイドルグループは、AKBとくらべてメンバーの数も少なく、また、次々に新しいメンバーが供給されるわけでもなく、AKBのような大がかりな仕組みや仕掛けが用意されているわけでもありません。しかし、だからといって、このようなアイドルグループにおいて、〈キャラ〉が重要でないわけではありませんし、〈キャラ〉が確立されていないわけでもありません。そこでもやはり、〈キャラ〉は別のかたちで確立され、人気を支えるうえで、重要な役割を果たしています。この点について、いまやAKBと相並ぶアイドルグループのもう一方の雄である、ももクロを例にして考えてみましょう。

ももクロと〈キャラ〉

ももクロのメンバーを区別するうえでまず、もっともわかりやすいのは、メンバーごとのイメージカラーです。グッズも各色発売されており、ライブの際には、多くのファンがみずからの推しメンの色のTシャツやパーカを身につけ、それによって、〈アイドル〉を中心として形成されたコミュニティの一員であることを互いに確認することができます。ファンでない人にとっても、メンバーの名前まではわからないとしても、それぞれの色によって判別することはできます。「ももクロの赤、よくテレビに出ているね」とか、「黄色、かわいいね」のように。このような色分けは、ももクロの後輩の「私立恵比寿中学」や「チームしゃちほこ」、「たこやきレインボー」、あるいは、男性グループの「超特急」でも踏襲されています。

色分け自体は、『秘密戦隊ゴレンジャー』(NET、一九七五―七七年)などの戦隊ヒーローものに由来するものです。実際、二〇一一年八月によみうりランドでおこなわれ、後の「桃神祭」につながる「サマーダイブ2011極楽門からこんにちは」のオープニングは、戦隊もののヒーローショーのように、メンバーがそれぞれの色のフルフェイスのヘルメットをかぶって登場し――ヘルメットを脱ぐと、ツインテールだった玉井詩織がショートカット姿を初披露するというサプライズもありました

――、敵の待つステージに向かうという演出がなされていました。

ももクロでは、このような戦隊ものにかぎらず、昭和的なものを下敷きにしていることが顕著です。たとえば、グループの目標は長らく、『紅白』に出場することでしたが、脱退する早見あかりに、リーダーの百田夏菜子がかけたのも、「大きくなって、紅白で会おうね」ということばでした。

このように参照される昭和的なもののなかでも、とくに初期において、色濃くあらわれていたのは、プロレス的なものです。(10)『紅白』からの卒業宣言も後々、プロレス的なアングル（仕掛け、筋書き）になるかもしれません。

早見あかりが脱退した二〇一一年四月一〇日のライブの第一部は、昭和のプロレスラーであるブルーザー・ブロディーの入場曲であった「移民の歌」で始まり、総合格闘技イベント「ＰＲＩＤＥ」の演出でも活躍した立木文彦やケイ・グラントがアナウンスやナレーションを務めました。メンバーも覆面姿で、それぞれ凶器を手にして登場し、私立恵比寿中学のメンバーが若手レスラーのように制止するのを振り切り、そのままの姿で「ピンキージョーンズ」を歌いきりました。また、早見あかりと百田夏菜子の「デコまゆ」が歌ったのも、ビューティ・ペア――これまで三回ほど大きな女子プロレスブームがありましたが、その先駆けであったタッグチームの愛称です――の「かけめぐる青春」を下敷きにしたものでした。そのほかにも、ＣＳ放送で新日本プロレス中継の実況を務める清野茂樹が登場し、玉井詩織が「やる前から負けること考えるバカいるかよ」といいながらビンタをお見舞いするという、アントニオ猪木のパロディ――元になった場面は一九九〇年のゴールデンタイムにテレビで中継されたこともあり、ファンならずとも、多くの人の記憶に残ったシーンです――も取り入れられていました。

こうして「Z」になった直後に行われた「七番勝負」は、トーク力を磨くことを目標としたものでした。その最終戦として参加した「ザンジバルナイト in 野音 2011」は、アイドル文化とは無縁のものでしたが、ステージに登場するなり百田夏菜子が「ロックファンのみなさん、目を覚ましてください」と発言しました。これは、一九九九年一月に行われた新日本プロレスの東京ドーム大会で、橋本真也と戦った小川直也がプロレスの枠を超えるような試合で橋本をKOした後に、プロレスファンに向けて放った言葉をなぞったものです。

その後も、二〇一一年一〇月二三日には、全日本プロレスの「2011 プロレスLOVE in 両国 vol.13」に、四月のライブで共演した武藤敬司のグレート・ムタばりの扮装でメンバーが登場し、リングに上がりました。

クリスマスにおこなわれるライブ、「ももいろクリスマス」も、二〇一二年と一四年は、さいたまスーパーアリーナで開催されましたが、ここは、「PRIDE」全盛期に大晦日のイベントが開催されていた会場です。

そのほかにも、二〇一三年四月一三・一四日の「ももいろクローバーZ 春の一大事 2013」では、UWFのメインテーマがメンバー紹介の際に流され、さらに、新生UWFでリングアナウンサーを務めた古田信幸が登場しました。ちなみに「UWF」は格闘技色を打ち出したプロレス団体で、後の格闘技ブームの先駆け的存在でした。一四年七月の「桃神祭り」の一日目には、プロレスラーの天龍源一郎が登場しましたが、オープニングも天龍の入場曲の「サンダーストーム」でした。一五年の桃神祭でも、ももクロのマネージャーであった川上アキラが高田延彦ばりに登場し、「行くぜっ！怪盗少女」などの作詞・作曲を手掛けながらも、絶縁状態にあった前山田健一（ヒャダイン）と電流爆破マッチをおこないました。

そもそも、毎回のライブが、日にち・会場名を冠して「……大会」と呼ばれるのも、プロレスの興行にならってのことですし、季節ごとに恒例の大イベントが開催されるのも同様です。

このようにプロレスが下敷きにされる――「プロレス的想像力」と呼びたいと思いますが――のは、マネージャーを務めていた川上アキラがプロレスファンであったり、スタッフにプロレスファンが多かったことによるものだといわれています。しかし、それだけでなく、プロレスが、「ギミック」と呼ばれる〈キャラ〉づけの宝庫だからです。たとえば、冷戦時代にはロシア人や、ナチスの残党、ステレオタイプの日本人の〈キャラ〉がいたり、その後も、中東系の悪役など、レスラー本人の本当のバックグラウンドと関係なくさまざまな〈キャラ〉がプロレスでは演じられました。日本のプロレス界に目を移せば、最大の〈キャラ〉というべきは、実のところ、戦後の日本で〈日本人〉を演じた力道山にほかなりません。ちなみに、アメリカを象徴する存在として力道山と戦ったシャープ兄弟も、アメリカ人ではなく、カナダ人でした。

このようにプロレス自体が〈キャラ〉の宝庫なわけですが、プロレスの記憶を下敷きにして、その〈キャラ〉を演じることは、演じられる〈キャラ〉と、それを演じる者との乖離を一層、際立たせることになります。

端的にいえば、ももクロの〈キャラ〉づけは過剰なわけです。そのため、テレビ番組にゲスト出演するなど、いつもと違った環境に置かれると、奇抜な衣裳や、ファンたちのコールなどとともに紹介される演出とあいまって、キワモノ的に映ってしまうことがあります。もっとも、AKBも、二〇〇七年に初めて紅白に出演したときは、中川翔子やリア・ディゾンとともに、アキバ枠でのことでした。「AKBよんじゅうはち」と紹介されたのでした。ももクロが『笑っていいとも!』(フジテレビ、一九八二―二〇一四年)に初登場(二〇一一年九月二三日)したときもまさに、その〈キャラ〉が過剰に映ってしまったといえるでしょう。

しかし、このような過剰さや乖離は、とくに、「アイドル戦国時代」と呼ばれた二〇一〇年からの数年間においては、重要なものでした。このような〈キャラ〉づけであったからこそ、AKB独走状態のなかで、衒いもなく、「アイドル界の天下を獲る」と宣言することができ、また、ファンもそれを受け入れることができたのです。

このように、過剰であり、本人と乖離したように見える〈キャラ〉なわけですが、だからといって、リアリティがないということではありません。乖離しながらも、ある種のリアリティを備えているのであり、その意味で、両義的であり、ありのままの姿を拡張するものとして、〈キャラ〉は「AR=拡張現実」的なものです(11)。

このようなAR性をよくあらわしている例のひとつは、佐々木彩夏の〈アイドル〉という〈キャラ〉です。彼女の自己紹介の文句は「ももクロのアイドル」というものですが、〈アイドル〉さえもひとつの〈キャラ〉となっているわけです。彼女のソロ曲「だって あーりんなんだもーん☆」(二〇一三年)は、秋元康の作詞、筒美京平の作曲で小泉今日子が歌った「なんてったってアイドル」(一九八五年）を下敷きにし――そのほかにも、ピンク・レディーやフィンガー5、ザ・ドリフターズといった昭和的なものが参照されています――、〈アイドル〉性を過剰に、それゆえ、戯画的に、アピールするものです。「ファンも呆れてるかな ぷっにぷにーで 許してねっ！」や、「体重計 空気読んでよー!!」と、みずからの体型を自虐的に歌ってもいます。（アンチ）ファンからの非難を先取りすることでそれにフタをする狙いもあるのでしょうが、〈アイドル〉ぶりにしろ、反〈アイドル〉ぶりにしろ、いずれにしろ過剰なものとして、AR的なものです。そしてそれは、プロレス的ということでもあります。

このAR性は、ももクロのメンバーたちがずっと口にしてきた『紅白』出場という夢にも当てはまるものです。彼女たちのような世代の女の子が『紅白』出場を夢だということには、どこか、嘘っぽさとはいいませんが、違和感を禁じえません。しかしそれでも、その夢が実現したときにはやはり感動してしまうものです。このような両価性、虚々実々の混淆はまさに、AR的なものです。

このように、ももクロの〈キャラ〉はAR的なものであるわけですが、それを支えているのは、戦隊ヒーローものにしろ、プロレスにしろ、なんらかの元ネタ（その多くは昭和のカルチャー）を下敷きにし、参照することです。

このような参照による〈キャラ〉、とくに過剰な〈キャラ〉は、〈キャラ〉とそれを担う人物との乖離を際立たせますが、それは決して嘘っぽくなるということではありません。その乖離によって際立つ〈キャラ〉を演じているという姿勢は、たとえうまく演じられていなくても、「成長のドキュメンタリー」と整合的なものですし、逆に、それをうまく演じられるならば、それは、〈キャラ〉を通して、関係性・コミュニケーションの調整に成功したということにほかなりません。たとえば、それによって、先の佐々木彩夏は、しばしば「佐々木プロ」と称されます。

また、このような〈キャラ〉を選択することには、広い世代にアピールし、世代を結びつける役割を果たすという利点もあります。参照元や元ネタを知っている世代に対しての目配せになると同時に、それを知らない世代に対しては、現在の〈アイドル〉という新しいフィルターを通して、旧いコンテンツを再活性化し、更新するものともなります。〈アイドル〉には、旧いコンテンツを活性化し、更新するフィルターという側面もあり、人気を支える重要な要素となっているのです。

たとえば、ももクロは、フジテレビ主催のイベント「お台場冒険王」の一環として開催されていた「坂崎幸之助のお台場フォーク村」に出演したのをきっかけに、二〇一二年に「白秋」、一四年に「玄冬」というアンプラグド、あるいは、アコースティックのライブをおこない、現在では、『坂崎幸之助のももいろフォーク村NEXT』（フジテレビ、二〇一四年—）というCSの生番組で毎月、アンプラグドでのパフォーマンスを見せています。これらのライブや番組のおかげで、フォークソングをはじめとした昭和の歌を聴き直し、その価値を見直すきっかけとなった人も多いのではないかと思いますが、昭和の楽曲のなかでもとくに、元々の歌手たちがもはや歌わない楽曲にとって、ももクロは、再活性化してくれるフィルターの役割を果たしているわけです。

さらに、ももクロにとって、アンプラグドのような試みは、新たな成長物語を紡ぎ出すものでもあります。当初は、歌うよりも踊る〈アイドル〉であり、エアアイドルとして口パクも辞さずという構えであったのが、いまや、国立競技場や日産スタジアムのような大会場に七万もの観客を集め、歌を聴かせる〈アイドル〉にもなっています。それには、アコースティックのライブの経験によるところも小さくないでしょう。いずれにしろ、生歌を聴かせることは新たな試練となり、それを乗り越えていくことが、彼女たちの成長の物語のひとつとなっているわけです。

このような歌手としての成長、それと同時に、フォークソングをはじめとした、かつての楽曲の再活性化それ自体も、KinKi Kidsが吉田拓郎らと共演した『LOVE LOVE あいしてる』（フジテレビ、一九九六―二〇〇一年）を下敷きにしたものです（これらの一連の番組でプロデューサーを務めているのは、フジテレビの数々の音楽番組を手がけたことで知られるきくち伸です）。

このように、先行する元ネタを参照し下敷きにすることによる〈キャラ〉は、たとえ過剰に映ることがあったとしても、拒否の対象とは必ずしもならず、AR的なものとして、嘘っぽくもありながら、なにがしかのリアリティを感じさせる、あくまで両義的なものなのです。

そこで重要なのは、元ネタと彼女たちのあいだに、プロデューサーであれマネージャーであれ、ワンクッション入っていることです。彼女たち自身がプロレスやヒーローもの、フォークソングなどを知っていたり好きだったりするわけではありません。それによって、距離が生まれ、反感を買ってしまうこともあるでしょうが、中途半端に知っているように振る舞うより反感もそがれるでしょう。逆に知識がなくても、真面目に元ネタに関わるかぎり好感を持たれるものです。テレビ文化の作り手たちが親で、それを同時代的に享受したのが子どもだとすれば、彼女たちは、いわば孫、テレビの孫なのです。かつての文化を再活性化するフィルターといいましたが、それは、彼女たちがこのような存在だということです。

〈キャラ〉の両義的なAR性は、先に見たように、〈アイドル〉が「成長のドキュメンタリー」を見せることと、「リアルTV」的なものから生まれてきたことによるものでもあります。リアルTVでは関係性やコミュニケーションが前景化してくるのを先に確認しましたが、〈キャラ〉が関係性のなかで生まれ、関係性によって必要とされるものであるかぎりで、リアルTVは〈キャラ〉を生み出す仕組みとなっているということです。こうして生まれてくる〈キャラ〉は、リアルTVでドキュメンタリーとドラマが混淆しているのと同様に、ホンモノとニセモノ、素と作られたものが混淆しているという特徴を付与されることになります。〈キャラ〉とは、嘘っぽいけどそうとも言い切れない、信じきってはいないけれど信じられなくもないという両義性、AR性を帯びることになり、そのようなねじれや矛盾にフタをし、そのままで受け入れられるようにしているのです。

これは、対人コミュニケーション全般に当てはまることでもあります。〈キャラ〉は、他人や本人に認知されることで、どのようなコミュニケーションを取ればいいかをすぐに理解させてくれます。それは、〈キャラ〉を身につけ（させ）ることで、その人がほんとうはどのような人物なのかというアイデンティティをめぐる問いや本質的に答えの出ない底なしの問いにフタをすることができるということです。〈キャラ〉がこのような両義的、AR的なものであるために、そのような問いを根本的に解決するわけではないにしても、とりあえず棚上げにすることができるわけです。

いずれにしろ、メンバーの数がそれほど多くもなく固定しているグループの場合、メンバー間の関係性から生まれてくる〈キャラ〉は限られており、固定しがちになります。しかし、固定していることで、よかれ悪しかれ、〈キャラ〉——先に見た〈キャラ〉と「キャラクター」の違いに従うなら、定番の「キャラクター」なのだといえるでしょう——を打ち出しやすくなるという利点もあります。見る者にとっては、それが「刺さる」こともあれば、逆に、反感を買ってしまうこともあるわけですが、その振れ幅は、「キャラクター」が強くなり、前後の文脈なしにインパクトを持ちうる〈キャラ〉となれば、なおさら大きくなります。それは、単独で番組に出演する、アイドルグループのメンバーによく見られることです。

このように、メンバーが限られているグループにおける〈キャラ〉は両義的でAR的なわけですが、それによって、たとえ失敗したり、受け入れられなかったりすることがあっても、それをあらかじめ織り込み済みのものにできるというメリットもあります。ももクロのアンプラグドの試みがそうであったように、乗り越えるべき新たな試練として、成長物語のひとつになるわけです。

この点は、「○○力」にも当てはまることです。「○○力」と括られることで、一回的な経験、偶然の出来事が、その人物の人となりの本質に関わるものとなるわけですが、あくまでそれは〈キャラ〉に関わるものであり、〈キャラ〉がアイデンティティをめぐる問い、答えの出ない問いにフタをするのと同様に、出来事を具体的に考えることを閉ざすものであるわけです。その意味で、「○○力」は、〈キャラ〉のスペックを構成するものであり、〈キャラ〉化が「○○力」というとらえ方、括り方を要請したのです。そして、そのようなとらえ方や括り方は、ヴァーチャル化するものですが——「力」は、「virtue」と訳すこともできますが、それは「ヴァーチャル」と語源的に同じものです——、それがある種のリアリティを備え、現実と重なり合うものである点でまさにAR的なものなのです。〈キャラ〉づけにはこのような働きがあるわけですが、〈アイドル〉が、戦隊ヒーローものにしろ、プロレスにしろ、「戦闘」をモチーフとした〈キャラ〉を帯びることは、その成長物語にとって、まったくふさわしいことです。次々とハードルが上がっていく試練や、さまざまなサプライズ企画に対して、〈キャラ〉をまとうことで、衒いもなく、立ち向かっていくことができるわけです。そして、それらの試練に挑戦し、乗り越えていくことで、〈キャラ〉は真実味を増していき、リアリティを拡張していくのです。

このように機能する〈キャラ〉は、前向きな、未来志向的な姿勢によって特徴づけられる〈アイドル〉とまったく整合的なものであり、それを端的に打ち出すものなのです。

先に、〈アイドル〉が、新しい状況に対して前向きに臨む姿勢を教える、すなわち、「ハビトゥス」を伝達する装置となっていることを見ました。なかでも、関係性をどう扱うかに関わるものだったわけですが、それは、〈キャラ〉にも当てはまることです。いずれにしても、こうした〈アイドル〉は、新しい状況、すなわち、未来に対して、前向きに臨む姿勢によって特徴づけられ、それを伝えていく存在――それゆえ、憧れや勇気を与えてくれる存在――なのです。

続いては、このような存在である〈アイドル〉について、彼女たちが歌う楽曲の歌詞を分析することから考えてみることにしましょう。

注

（1）香山リカ／バンダイキャラクター研究所『87%の日本人がキャラクターを好きな理由――なぜ現代人はキャラクターなしで生きられないのだろう?』学習研究社、二〇〇一年

（2）太田省一『社会は笑う――ボケとツッコミの人間関係』青弓社、二〇〇二年、一七〇ページ
（3）伊藤剛『テヅカ・イズ・デッド――ひらかれたマンガ表現論へ』NTT出版、二〇〇五年、九五ページ
（4）同上、九四ページ
（5）同上、九七ページ
（6）斎藤環『若者のすべて――ひきこもり系vsじぶん探し系』PHPエディターズグループ、二〇〇一年、一二九ページ
（7）斎藤環『文脈病――ラカン・ベイトソン・マトゥラーナ』青土社、二〇〇一年
（8）斎藤環「「AKB48」キャラ消費の進化論」『Voice』no.395、二〇一〇年、一六六ページ
（9）同上、一六七―一六八ページ
（10）二〇一六年の一月四日にも、新日本プロレス恒例の東京ドーム大会に、有安杏果がディーバ役として登場した。
（11）安西信一は、『ももクロの美学――〈わけのわからなさ〉の秘密』（廣済堂新書、二〇一三年）で、ももクロのハイブリッド性を論じるなかで、初音ミクとの共演などをあげながら、二次元と三次元が融合した「二・五次元の存在」という「拡張現実」性を指摘している。

8 〈アイドル〉の歌う「卒業」／過去志向から未来志向へ

ゼロ年代のアイドルに関して、その前向きな姿勢、全力の姿勢が勇気や元気を与えてくれるとよくいわれますが、それは、ここまでで未来志向性や未来予持性と呼んできた姿勢によるものにほかなりません。

このような特徴は、彼女たちの歌う楽曲によくあらわれています。たとえば、ライブでの全力のパフォーマンスで名を上げてきたももクロは、インディーズデビュー以降の「ももいろパンチ」（二〇〇九年）、「未来へススメ！」（二〇〇九年）、「行くぜっ！怪盗少女」（二〇一〇年）などは、タイトルがすでに前向きです。あるいは、続く「ピンキージョーンズ」（二〇一〇年）は、メンバーの名前を歌詞に織り込んだ楽曲ですが、直後に早見あかりが脱退することになって訪れるピンチを予言するかのように、「逆境こそがチャンスだぜぃ」と歌っています。また、その脱退直前に発売された「ミライボウル」（二〇一一年）ではメンバーのイメージカラーが歌詞に織り込まれていますが、紅白で再会することを約束した早見あかりに呼びかけるように、「キミにありがとう ほんとありがとう 一緒にいてくれて キミと夢見る キミと明日へ いつもつながってるの」とあります。それ以降も、二〇一一年一一月二三日勤労感謝の日に発売された「労働讃歌」は、大槻ケンヂによる歌詞ですが、そこでは、タイトル通りに、「働こう 働こう その人は輝くだろう 働こう 働こう 生きていると知るだろう」とストレートに歌われています。あるいは、東日本大震災後の七月に発売されたアルバム、『バトル アンド ロマンス』にボーナストラックとして収録された「ももクロのニッポン万歳！」では、メンバーの有安杏果が東北各県の名物を「大好きです」とあげながら、「頑張れ！ 頑張れ！ 東北！」と歌っています。

このように、ももクロの楽曲は全面的に前向きであり、全力のダンスと相まって、ファンに勇気や希望を与えてくれるものとなっています。このような傾向は、一九九九年に発売され、「日本の未来は 世界がうらやむ」と歌ったモーニング娘。の「LOVEマシーン」をはじめとして、ゼロ年代の〈アイドル〉、そして、この時代の楽曲一般を特徴づけるものです。

ここでは、このような特徴を〈アイドル〉の歴史において位置づけるために、卒業をテーマとした代表的な楽曲を取り上げてみたいと思います(1)。というのも、卒業ソングは〈アイドル〉の定番だからです。それは、社会の時間と連動していた昭和の時代の〈アイドル〉にも、それ以降の〈アイドル〉にも当てはまります。卒業はいうまでもなく別れのときであるわけですが、その別れをどのように歌うかによって、過去志向的か、未来志向的かがはっきりと分かれます。つまり、卒業を、これまでの歩みの終わりととらえるか、あるいは、これからの歩みの始まりととらえるかという正反対の可能性があるわけです。そのため、卒業ソングを分析することで、〈アイドル〉の変化、そして、ゼロ年代の〈アイドル〉たちの特徴を明らかにすることができるでしょう。

卒業を歌う〈アイドル〉——八〇年代

・松田聖子「制服」（一九八二年）

まずは、一九八〇年代の〈アイドル〉たちが歌った卒業ソングについて考えていきますが、この時代の〈アイドル〉の代表として、やはり松田聖子の「制服」から始めたいと思います。残念ながら、ランキングには入っていませんが、八二年一月に発売された八枚目のシングル「赤いスイートピー」のB面として収録された楽曲で、両曲ともに作詞を松本隆、作曲を呉田軽穂（松任谷由実）が担当しており、その後も度々、ベスト盤に収録されるなど、松田聖子の名曲のひとつに数えられるものです。

歌われているのは、雨のなかの卒業式です。彼女は、卒業式を迎えて、都会に出ていってしまう彼に、「四月からは都会に 行ってしまうあなたに 打ち明けたい気持ちが…」と告白しようとします。しかし、結局、「このままでいいの ただのクラスメイトだけで」と告白できず、卒業式のときに、彼からもらったアドレスを握りしめて泣くばかりです（「雨にぬれたメモには 東京での住所が… 握りしめて泣いたの」）。二番では、「真っ赤な定期入れと かくしていた小さな写真（フォト）」のことや、「テスト前にノートを 貸してくれと言われて ぬけがけだとみんなに 責められた」というエピソードが歌われ、「失うときはじめて まぶしかった時を知るの」と学生時代が振り返られています。

このように、この卒業ソングでは、卒業を機に都会に出ていく彼を見送る彼女、そして、過ぎ去った学生時代を振り返る彼女という構図が打ち出されています。そして、この構図は、後に続く〈アイドル〉にも受け継がれていきます。

・柏原芳恵「春なのに」（一九八三年）

一九八三年には、松田聖子と同じく八〇年にデビューした柏原芳恵の「春なのに」がヒットしました。中島みゆきが作詞作曲を手掛けており、この後も柏原芳恵は中島みゆき提供の曲を数曲歌うことになります。

歌詞を見ると、「ですます」で語りかけているように、先輩を見送る女の子が主人公で、卒業を機に別れることになったようです。先輩のほうは、「会えなくなるね」「さみしくなるよ」と握手の手を差し出すばかりで、そんな態度を彼女は物足りなく感じています。そもそも彼女の片思いだったのかもしれません。いずれにしろ、彼女は彼に対して「卒業しても 白い喫茶店 今までどおりに 会えますね」というつもりだったのですが、結局、「記念にください ボタンをひとつ 青い空に 捨てます」と、中島みゆきの楽曲らしく、情感や情念たっぷりに、自分の思いにけりをつける決心が歌われます。こうして、「春なのに お別れですか 春なのに 涙がこぼれます 春なのに 春なのに ため息 またひとつ」とリフレインされます。

・斉藤由貴「卒業」(一九八五年)

斉藤由貴のデビュー曲で、発表から三〇年経ちますが、卒業ソングの定番のひとつとなっています。設定は、東京にいってしまう同級生の彼を見送る彼女というものです。東京にいっても電話するよという彼に対して、彼女のほうは、「守れそうにない約束は しない方がいい」と突き放します。彼のことをつなぎ止めておきたいと思いながらも、「東京で変わってく あなたの未来は縛れない」と彼女は身を引くことにします。そして、卒業後も友だちでい続けることはできるとしても、「過ぎる季節に

流されて 逢えないことも知っている」と、卒業がふたりの別れになることを覚悟してもいます。「席順が変わり あなたの隣の娘にさえ妬いたわ」「いたずらに髪をひっぱられ 怒ってる裏で はしゃいだ」「駅までの遠い道のりを はじめて黙って歩いたね」と、学生時代のエピソードがあげられていますが、彼女にとっては、学生時代の想い出で十分なようです。実際、机にイニシャルを彫る彼に対して、「やめて 想い出を刻むのは 心だけにして」とつぶやき、「セーラーの薄いスカーフで 止まった時間を結びたい」と過ぎた時間への想いが吐露されます。そして、「ああ卒業式で泣かないと 冷たい人と言われそう でも もっと哀しい瞬間に 涙はとっておきたいの」とリフレインされるわけですが、そこには過去への思いを自分だけに留め置くと同時に、その思いにけりをつけた姿も見て取れます。

・菊池桃子「卒業 – GRADUATION –」(一九八五年)

斉藤由貴の「卒業」とほぼ同時期に発売された楽曲で——尾崎豊の「卒業」も、同年の一月に発売されています——、そろって歌番組に出演したこともありました。

同年の四月からおニャン子クラブを手掛ける秋元康の作詞で、卒業して、都会へ旅立っていく彼に対する思いを歌った楽曲です。ここでも、並木道をふたりで歩いて帰ったことや、誕生日にサン＝テグジュペリの作品を贈ってくれたことなど、学生時代の日々のエピソードが歌われ、「あの頃の二人は話しさえ出来ずに そばにいるだけでも 何かを感じた」と述懐されます。こうして、残される側の彼女は、過ぎ去っていった時間の想い出を胸に歩んでいくことが予感されて——あくまで予感されているだけですが——います(「4月になると ここへ来て 卒業写真めくるのよ あれほど誰かを 愛せやしないと」）。

以上、一九八〇年代を代表する〈アイドル〉たちの卒業ソングを見てきましたが、これらは、彼女たちの持ち歌のなかでも歌い継がれているものであり、いまや定番となっている楽曲です。

女性〈アイドル〉が歌っているので、当然、女性の心情が中心なわけですが、共通しているのは、都会に旅立っていく彼を、故郷に残る彼女が見送るという構図です。彼は新たな環境で変化し、未来の生活へと開かれているのに対して、彼女にとって重要なのは、あくまで過ぎ去った日々の想い出です。卒業による別れは決定的なものであるため、ふたりのあいだの距離は際立ち、彼女は彼に声をかけることもできず、みずからのうちに思いを留め置くことしかできません。一九八〇年代の〈アイドル〉が歌う卒業ソングからは、このような構図を取り出すことができます。

実のところ、このような構図は、先立つ時代の卒業ソングとまったく対照的なものです。

卒業ソングの七〇年代

・かぐや姫「なごり雪」（一九七四年）

イルカが一九七五年にカバーしたバージョンで知られているかもしれませが、もともとは、フォークグループのかぐや姫が前年に発売したアルバム『三階建の詩』に収録されていた楽曲です。いまや卒業ソングのみならず、フォークソングの定番となっています。

サビが「今　春が来て　君はきれいになった　去年よりずっと　きれいになった」であるように、男性目線からの歌詞です。場面は駅のホームで、「汽車を待つ君の横で ぼくは時計を気にしてる」と歌い出されているように、去っていくのは彼女のほうです。ふたりは一緒に汽車を待っているわけですが、「東京で見る雪はこれが最後ね」とさみしそうに彼女がつぶやきます。二番では、動き出した汽車の窓越しにふたりは別れていきますが、彼女からはっきり別れを告げられるのが怖くて、彼は下を向いているばかりです(「君の口びるが「さようなら」と動くことが こわくて 下を向いてた」)。そして、最後には、彼ひとりがホームに残されます。

「なごり雪」では、このような別れの場面が、残される男性の側から描かれているわけですが、同じ場面を、去っていく女性の目線から描いているのが「22歳の別れ」です。この曲は、「なごり雪」と同じく、伊勢正三が作詞作曲したアンサーソングで、『三階建の詩』に収録されています。主人公のふたりは二二歳、大学を卒業する年齢で、一七歳の時からつきあっていたようです(「私の誕生日に 22本のろうそくを立て ひとつひとつがみんな君の人生だねって 言って17本目からは 一緒に灯をつけた」)。この五年は、「なごり雪」では、「ふざけすぎた季節」と歌われていましたが、ここでは「長すぎた春」と呼ばれています。そんなふたりが別れねばならなくなったわけですが、それは、彼女が「目の前にあった 幸せに すがりついてしまった」、「あなたの知らないところへ嫁いでゆく」から、つまり、結婚のために東京を離れ、田舎に帰ることになったからです。「なごり雪」で、「時がゆけば 幼い君も大人になる」とありましたが、それはこの結婚のことを指していたわけです。

・荒井由実「卒業写真」(一九七五年)

「なごり雪」と同時代に発売された荒井由実の「卒業写真」も一九七〇年代を代表する卒業ソングで、現在も歌い継がれる定番の楽曲です。

この曲でも、卒業して変化していくのは彼女のほうで、彼はといえば、卒業写真のまま変わっていません。そこに引け目を感じてか、彼女は、町で偶然、彼に出会っても、声をかけることもできません(「町でみかけたとき 何も言えなかった 卒業写真の面影が そのままだったから」)。こうして、彼との隔たりを突きつけられるわけですが、彼女は彼に、想い出のなかの姿のままでいて欲しい、変わっていく自分にとってのひとつの座標軸であって欲しいという思いを吐露します(「変わってゆく私を あなたはときどき 遠くでしかって あなたは私の 青春そのもの」)。このように、この楽曲でも、変わっていく彼女と変わらない彼という構図を確認することができます。

・海援隊「贈る言葉」(一九七九年)

『3年B組金八先生』の第一シーズンの主題歌として使われたこともあり、卒業ソングを代表する楽曲となっています。とはいえ、「はじめて愛した あなた」「私ほど あなたの事を 深く愛した ヤツはいない」とあるように、必ずしも卒業の別れを描いたものではありません。とはいえ、恋愛にしろ、卒業にしろ、去りゆく人に向けて、送り出す側からのことばを歌ったものです。しかしそうすると、「悲しみこらえて 微笑むよりも 涙かれるまで 泣くほうがいい 人は悲しみが 多いほど 人には優しくできるのだから」「信じられぬと 嘆くよりも 人を信じて 傷つくほうがいい 求めないで 優しさなんか 臆病者の 言いわけだから」と、逆境にあっても前向きでいるように勧めることばが続いてい

70年代の卒業ソング

男性	女性
変化しない	変化する
見送る	去っていく
過去	未来

80年代の卒業ソング

男性	女性
変化する	変化しない
去っていく	見送る
未来	過去

るわけですが、これらのことばは去られていったほう、つまり、自分に向けたことばなのではないでしょうか。だからこそ、「これから始まる 暮らしの中で だれかがあなたを 愛するでしょう」といいながらも、「だけど 私ほど あなたの事を 深く愛した ヤツはいない」ということになるわけです。その意味で、かなり一方的な贈ることば、「もうとどかない 贈る言葉」です。

これらの一九七〇年代の卒業ソングでは、フォークソング、ニューミュージックとジャンルの違いはありますが、変化していくのは女性のほうで、男性は変化しません。とくに、男性目線から描かれた「なごり雪」「贈る言葉」では、去っていくのは女性で、それに対して、男性は見送るばかりで、過去の想い出にすがっているのも、彼のほうです。

一九七〇年代の卒業ソングと比較すると、八〇年代の〈アイドル〉が歌う卒業ソングの特徴がはっきりしてきます。

ひとことでいえば、一九七〇年代には、去りゆき変化していく女性と、それを見送る男性という構図であったのが、八〇年代には、その構図が反転します。つまり、都会に去っていき、変化していくのが男性で、それを女性が故郷で見送ることになるわけです。まず、このような対照性が確認できます。

しかし、このような対照性にもかかわらず、共通点もあります。つまり、男性であろうと、女性であろうと、視点は、見送る側、残される側にあります。そのため、想い出に重きが置かれ、過去への志向性が強くなります。その意味では、「仰げば尊し」や「蛍の光」といった唱歌と変わりません。

また、このようなふたりのあいだの隔たりによって、相手に声をかけることができず、思いを自分だけに留め置くことになり、そのため、ふたつの時代の楽曲は抑制的なものとなっています。

このような差異と共通性が一九七〇年代、八〇年代の卒業ソングに関して確認できるわけですが、そのうえで興味深い楽曲があります。それは、このふたつの時代を跨ぐようなかたちでヒットし、いまだ歌い継がれている山口百恵の「いい日旅立ち」です。

・山口百恵「いい日旅立ち」(一九七八年)

JRになる前の国鉄の同名のキャンペーンに使われた楽曲で、谷村新司が作詞作曲を手掛けています。山口百恵が歌った曲の中でも、長く歌い継がれ、多くの人の耳に残っている楽曲です。

卒業ソングとして見た場合にまず指摘できるのは、これまでの卒業ソングと違い、どんな状況を歌ったものなのかはっきりしないということです。しかし、「過ぎ去りし日々の夢」、「帰らぬ人達 熱い胸をよぎる」、あるいは、「私は今から 想い出を創るため 砂に枯木で書くつもり〝さよなら〟と」とあるように、主人公は、過去を断ち切るべく、「日本のどこかに 私を待ってる人がいる」ことを信じて、ひとり旅に出る女性です。そして、「母の背中で聞いた歌」「父が教えてくれた歌」「子供の頃に歌った歌」がその旅の道連れとなります。

旅立つ女性が主人公であり、また、これまでの自分に別れを告げ、未知の人との出会いを求めているという点には、未来志向的な姿勢を見てとることができます。しかし、子供時代に耳にした歌や、過ぎ去っていった人や出来事を思い出し、また、「雪解け間近の北の空」、あるいは「岬のはずれに少年は魚釣り 青い芒（すすき）の小径を帰るのか」というような情景や、旅に出て探すのも「夕焼け」であり「羊雲」「幸福」であったりと、ノスタルジーを強く喚起するものでもあります。

このように過去志向と未来志向が交差しているわけですが、それは、「今から想い出を創るため」という歌詞によくあらわれています。先に指摘したように、この楽曲は国鉄のキャンペーンで使われましたが、そのキャッチコピーは「Discover Japan」——正確には、その第二弾——でした。つまり、この楽曲で歌われている旅は、日本という故郷を発見すること、あるいはむしろ、再発見するためのものなのです。それは、未来完了のような時制であり、未来の時点を仮構し、そこから振り返っているわけです。

そして、このような観点からすれば、この旅の道連れとなる歌が、ほかならぬ「いい日旅立ち」自身のことだったのがわかります——実際、いまでも新幹線の車内で耳にします。また逆に、この楽曲の未来完了的なところを改めて確認することもできます。

この意味で、「いい日旅立ち」は、〈アイドル〉が歌った卒業ソングとして、大定番でありながら、一九七〇年代にも八〇年代にも位置づけられない楽曲だということがわかります。山口百恵が引退した後も、国鉄のキャンペーンは八四年まで続けられましたが、まさに、このふたつの時代を跨ぐ楽曲として、これまで見てきたこれらの時代の卒業ソングの特徴、すなわち、過去志向性をよくあらわしています。未来完了的な想い出作り、故郷作りという姿勢も、この過去志向性をかえってよく体現するものです。

そして、ゼロ年代の卒業ソングは、七〇年代であれ、八〇年代であれ、これらの過去志向的な卒業ソングと好対照をなしています。

ＡＫＢが歌う卒業

卒業ソングに関してもやはり、この時代を代表するのはＡＫＢです。

ＡＫＢは、二〇〇六年の「桜の花びらたち」以降、卒業シーズンに向けて、「桜」をモチーフとした卒業ソングを発表しています。〇八年には、「桜の花びらたち２００８」としてセルフカバーし――しかし、ＣＤにランダムにつけられるポスター全四四種類を揃えれば、限定イベントに参加できるという企画が独占禁止法に抵触する恐れがあるとして騒動になり、結局、中止になりました。いわゆる「ＡＫＢ商法」です。その後、レコード会社を移籍することになり（デフスターレコーズからキングレコード）、「大声ダイヤモンド」まで、八カ月にわたってＣＤを発売できませんでした――、〇九年「10年桜」、一〇年「桜の栞」、一一年「桜の木になろう」を発表しています。また、タイトルに「桜」は入っていませんが、一二年の「GIVE ME FIVE !」、一三年「So long !」――これらの楽曲では、「桜」ということばは歌詞で使われています――、一四年「前しか向かねえ」――大島優子の卒業にあたって作られた曲です――も卒業ソングに数えることができるでしょう。

まず、「桜の花びらたち」ですが、この楽曲は、AKBがインディーズデビューを飾ったシングルです。卒業を間近に控え、授業を受けている同級生が大人に見えるなか、喧嘩して泣いたり、悩みながら過ごした日々が、懐かしく、「どんな時も　一人じゃなかった」と振り返られています。しかし、そこで中心を占めているのは、それぞれが未来へと旅立って行けるように「その背中に　夢の翼（はね）が生えてる」と歌われている通り、あくまで未来への希望です。そして、リフレインされるのも、次のようなことばです。

桜の花びらたちが咲く頃　どこかで　希望の鐘が鳴り響く
私たちに明日（あす）の自由と　勇気をくれるわ
桜の花びらたちが咲く頃　どこかで　誰かがきっと祈ってる
新しい世界のドアを　自分のその手で開くこと

あるいは、「思い出のその分だけ　美しく　目の前の大人の階段　一緒に登って手を振ろう」ともあります。ここで歌われているのは、別れや過去の想い出ではなく、目の前に広がっている未来であり、未来に対する希望、信頼です。

このような特徴は、二〇〇九年三月に一一枚目のシングルとして発売された「10年桜」でも同様です。この曲では、「10年後にまた会おう」と、未来は一〇年後に設定され、その未来に対する展望が次のように歌われています。

つらいことあっても うまくいかなくても 過ぎる春を数えながら
寂しくなるけれど 未来を信じれば 僕は 頑張れる

こうして、未来に対する希望、信頼が言い表されているわけですが、さらに興味深いのは、卒業が別れではないということがはっきりと打ち出されていることです。

卒業はプロセスさ 再会の誓い
（…）
卒業はスタートさ 永遠の道程（みちのり）

未来志向がはっきりとなるのにともなって、卒業は別れではなく再会、終わりではなく始まりをあらわすものとなるわけです。

このような終わりと始まりの交差について、興味深いエピソードがあります。それは、「10年桜」のPV（プロモーションビデオ）に関して、死後の世界を描いているのではないかと噂されたことです。このような噂が広まったのを受けて、PVを演出した高橋栄樹は次のようにいっています。

「10年桜」のPVは「桜の花びら〜」で感じた「卒業」や「桜」ってことに対する一種の死生観

が出てる気がする。入学とは誕生で、卒業とは死。もちろんその「死」は次のステージでの「誕生」を意味する「再生」でもある。そういうことを象徴的に教えてくれるのが「桜」なんじゃないか、もしかすると学校って、生と死のサイクルを擬似的に体験する場所なんじゃないか、っていうね。(2)

このような生と死、出会いと別れの交差は、二〇一〇年一〇月に発売された一八枚目のシングル「Beginner」にも見られるものです。この楽曲では、「昨日までの経験とか 知識なんか荷物なだけ 風はいつも通り過ぎて 後に何も残さないよ 新しい道を探せ！ 他人（ひと）の地図を広げるな！ 伏せた目を上げた時に0（ゼロ）になるんだ」と鼓舞し、「僕らは夢見てるか？ 未来を信じているか？」と問いながら、次のように断言されています。

何もできない ちゃんとできない それがどうした？ 僕らは若いんだ 何もできない
すぐにできない だから僕らに可能性があるんだ

未来を信じることは、いつでも始められるということであり、いつでも初めに戻って、やり直せるということであるわけです。

最初に戻ればいい もいちど Beginner!

このように、この楽曲は、歌詞のうえでは、未来志向が表現されています。しかし、それが終わりや死と交差するものとされるのは、この楽曲のミュージックビデオによってです。このMVは、『下妻物語』（二〇〇四年）や『嫌われ松子の一生』（二〇〇六年）で監督を務めた中島哲也が演出し、『攻殻機動隊』や『GANTZ』を彷彿とさせる世界観となっています。そのなかでAKBのメンバーは、ゲームのプレイヤーと、そのゲーム世界のなかのアバターを演じているのですが、このアバターたちが次々と残虐なかたちで破壊されていくのです（この残虐性のため、シングルの付属DVDには収録されず、配信限定となりました）。

このようなある種の不気味さがAKBの卒業ソングにもあるわけですが、この点については、後で検討することにして、未来志向について確認していきたいと思います。

二〇一〇年に発売された「桜の栞」で、桜の花は、「別れ」「涙」「未来」「希望」「心」の「栞」と歌われ、卒業にあたって、いま思い描いている未来の夢をいつでも思い出せるようにし、未来に向かって一歩を踏み出すように促すものです。

桜の花は　未来の栞　いつか見たその夢を　思い出せるように…
桜の花は　希望の栞　あきらめてしまうより　このページ　開いてみよう

翌年の「桜の木になろう」も、次のように始まっています。

春色の空の下を　君は一人で歩き始めるんだ
いつか見た夢のように　描いて来た長い道
制服と過ぎた日々を　今日の思い出にしまい込んで
新しく生まれ変わる　その背中を見守ってる

このような未来への希望、信頼、そして、卒業が新たな始まりだという認識は、二〇一二年の「GIVE ME FIVE !」でも改めて表現されています。

友よ　思い出より　輝いてる明日（あす）を信じよう
そう　卒業とは　出口じゃなく　入り口だろう
友よ　それぞれの道　進むだけだ　サヨナラを言うな
また　すぐに会える　だから　今は　ハイタッチしよう

二〇一三年の「So long !」、一四年の「前しか向かねえ」も同様です。

So long !…　微笑んで
So long !…　じゃあ　またね

（…）
思い出が味方になる 明日から強く生きようよ
つらいことがあったとしても 1人じゃない 何とかなるさ（「So long !」）

前しか向かねえ 最後くらいは カッコつけさせてくれ 新しい世界にビビってるけど
もう後には引けねえ 歩いた道 振り向いたって 風が吹いているだけ（「前しか向かねえ」）

このような未来志向は、実のところ、秋元康が作詞し、一九八六年に発売された、おニャン子クラブの「じゃあね」にも見られるものです。

この楽曲は、必ずしも主要メンバーではなかった中島美春の「卒業」のために作られたものですが、実のところ、グループの楽曲としては、もっとも売れたものです。そこでは、仲間と過ごした時間は、「思いでの 宝箱」であり、「もっとこのままで いたかった 時が止まったら いいのにね」と歌われています。しかし、ここでも際立っているのは、未来志向です。みんな旅立っていく別れですが、「淡いピンクの桜 花びら」もお祝いしてくれており、AKBで卒業は「プロセス」とされていたのと同様に、ここでも「大人への階段を昇るだけ」と歌われます。そして、別れは新たな船出で、「春はSAYONARAの 港」であり、早くも「空の陽射しの風に この次の季節がこぼれてます」と歌われています。つまり、タイトルにあるように、卒業はあくまで、手を振って「じゃあね」というような別れ、それぐらいのものとしようというわけです。このように、この卒業ソングでも、別れは相対化され、過去志向ではなく未来志向が前景化しています。
　このような未来志向は、先に見たように、つねに始まり、永遠のBeginnerであり続けるしかない、逆にいえば、決して終わらないということであり、それが、ある種の不気味さともなるわけです。たとえば、「10年桜」には次のような歌詞があります。

　10年後に　また会おう　この場所で待ってるよ　今よりももっと輝いて…

「この桜咲く頃　何があったってここに来る」とあるわけですから、先に来て待っているということなのでしょうが、次のような一節もあります。

　一緒に行けないけど　そんなに泣かないで　僕は忘れない

「一緒に行けないけど」とあるために、なんだかそこでずっと待っている、待ち続けているようにも思われるわけです。このような点は、続く楽曲でも確認されます。たとえば、「桜の栞」の「栞」も、未来に向けて歩んでいくうえで、いつでも立ち返れる場所を教えてくれる目印なわけですが、それは「桜の木になろう」でも同様で、次のように歌われています。

　永遠の桜の木になろう　そう僕はここから動かないよ

もし君が心の道に迷っても　愛の場所がわかるように立っている

「桜の花びらたち」にも、次のような一節があります。

卒業写真の中　私は微笑んで　過ぎる季節　見送りたい
サヨナラ

「卒業写真」とあるように、これらの楽曲は、先に見た荒井由実の「卒業写真」を下敷きにしたものです。「卒業写真」では、学生時代と変わらないままの彼に対して、変わっていく自分のことを時々、しかって欲しいと歌われていましたが、変わることのない座標軸のような存在を相手に求めていたわけです。それが、これらの楽曲では、変わることのない存在としての桜の木に、しかも、自分がなろうといっているわけであり、そのために、なにか不気味な感じがしてしまうわけです。

以上のようにAKBが歌う卒業ソングには、去りゆく側からのものもあれば、見送る側からのものもあります。そして、先に見たように、卒業はもはや別れではなく、「プロセス」であり、「スタート」のひとつでしかありません。また、一九七〇年代や八〇年代の卒業ソングと違って、都会か故郷かも判然とせず、情景としての具体性もありません。描かれている場面はこのように抽象的なわけですが、それによっても、とにかく前向きということが際立っています。

このようなとにかく前向きという未来志向性こそが、それ以前の卒業ソングに対して画期をなすものにほかなりません。

そして、このような特徴によって、ＡＫＢの歌う卒業ソングはすぐれてゼロ年代的なものともなっています。

この点を、そのほかのゼロ年代の卒業ソングを検討することでたしかめていきましょう。

ゼロ年代の卒業ソング

ゼロ年代の卒業ソングの代表としてまずあげられるのは、二〇〇三年の森山直太朗の「さくら（独唱）」です。ミリオンセラーを達成するほどのヒットを収め、いまやこの季節の新たな定番ソングになっています。また、この成功によって、ＡＫＢをはじめ、桜を主題とした多くの楽曲が発表される先鞭をつけました。

歌詞を見てみると、「さらば友よ 旅立ちの刻」あるいは「泣くな友よ 今惜別の時」とあるように、さくらが咲き誇るなかでの友との別れが歌われています。その友が、苦しい時でも笑っていてくれたから、挫けそうになったときでも、励まされてきたとあるように、別れ、そして、過去の想い出が歌われています。しかし、歌い出しが、「僕らはきっと待ってる 君とまた会える日々を」とあるように、その別れはあくまで、再会を期してのものです。その再会に向けて、「偽りのない言葉」、「輝ける君の未来を願う 本当の言葉」をいえるだろうかとみずからに問いかけながら、信じられているのは、「いつか生まれ変わる瞬間」です。そして、最後に歌われるのもやはり、再会の約束です。

さくら さくら いざ舞い上がれ
永遠にさんざめく光を浴びて
さらば友よ またこの場所で会おう
さくら舞い散る道の上で

このように、この楽曲は、典型的な卒業ソングとして、別れを歌いながらも、しかし、ゼロ年代にふさわしく、未来における再会を約束する未来志向的なものとなっています。

この「さくら（独唱）」にならって、春になると、桜をテーマとした卒業ソングを発表することが恒例となっています。

たとえば、二〇〇六年には、いきものがかりが、メジャーデビュー曲として「SAKURA」を発表しています。「さくら ひらひら 舞い降りて落ちて 揺れる 想いのたけを 抱きしめた 君と 春に 願いし あの夢は 今も見えているよ さくら舞い散る」と、まさに桜が舞い落ちる場面から歌い出されています。一人称が「あたし」となっているように、女性目線からの楽曲です。「卒業の ときが来て 君は故郷（まち）を出た」とありますが、必ずしも彼女が置いていかれ、残されたというわけではなさそうです。「それぞれの道を選び ふたりは春を終えた」とあり、彼女のほうも、「君がいない日々を超えて あたしも大人になっていく」と展望されています。そして、「遠き 春に 夢見し あの日々は 空に消えていくよ」と過去に別れを告げ、消えることのない彼のことばとともに（「君が くれ

し 強きあの言葉は 今も胸に残る」） 未来へと踏み出していこうと歌われています（「春のその向こうへと歩き出す」）。

二〇〇九年には、レミオロメンも「Sakura」という楽曲を発表しています。「未来の絵の具で描いたような ピンクの絨毯」と形容されているように、桜の花びらが散りつもっていくなか、「一緒に歩こう 真っ白な雲の向こう 空の青さはきっと明日も明後日も 移りゆくけど 同じ空を見てるよ」と呼びかけています。相手が教えてくれたのは、「笑う門には福が来る」ということばであり、自分も「四ツ葉のクローバーを君にあげたいな」と思っているように、幸せの応酬が歌われます。そして、サビも、「笑顔も泣き顔も強がりも強さも ありのままの君のことを愛している」、あるいは「笑顔も泣き顔も強がりも強さも好きなのさ そのすべてを愛している」とストレートな呼びかけとなっています。

このようなストレートな呼びかけは、いきものがかりが得意とするところでもあり、「サヨナラは悲しい言葉じゃない それぞれの夢へと僕らを繋ぐ YELL」と歌う「YELL」[3]（二〇〇九年）や、NHKの朝ドラの主題歌にもなった「ありがとう」（二〇一〇年）などがあります。

このほかにも、ゼロ年代の卒業ソングとしては、二〇〇八年のアンジェラ・アキの「手紙～拝啓十五の君へ」もあげねばならないでしょう。この曲の一番は、一五歳の「僕」から未来の自分に宛てた手紙のかたちを取っています。そこでは、「誰にも話せない 悩みの種があるのです」と告白を始め、「負けそうで 泣きそうで 消えてしまいそう」で、「ひとつしかないこの胸が何度もばらばらに割れて 苦しい中で今を生きている」と吐露されています。くわしいところはよくわかりませんが、とにかく、大変な状況にあるようです。

続く二番は、その手紙に対する、未来の自分からの返信です。未来の自分の状況もあまり変わっていないようで、「大人の僕も傷ついて眠れない夜はあるけど 苦くて甘い今を生きている」ということです。手紙の主の一五歳の自分に向けては、「自分とは何でどこへ向かうべきか」問い続け、「負けないで 泣かないで 消えてしまいそうな時は 自分の声を信じ歩けばいいの」と答え、「この手紙読んでいるあなたが 幸せな事を願います」というばかりです（この手紙を読む「あなた」には、わたしたちリスナーも含まれていることでしょう）。

まったく抽象的なやりとりであるわけですが、そうであるがゆえにかえって、「今を生きていこう 今を生きていこう」という現在志向、そして、それを続けていこう（「恐れずにあなたの夢を育てて Keep on believing」）という未来志向が際だった楽曲となっています。

以上、現在でも歌い継がれ、定番となっている一九七〇年代以降の代表的な卒業ソングの歌詞を見てきましたが、それをまとめれば次のようになるでしょう。

まず、一九七〇年代には、女性は旅立ち、変化していくのに対して、男性のほうは過去の姿のままで変化しません。それが、八〇年代になると、旅立つ男性を、故郷に残る女性が見送ることになります。このような構図の逆転にもかかわらず、どちらも、歌われているのは、見送る側の思いです。そして、それにともなって、残された想い出が重きをなし、過去志向的になります。それが、ゼロ年代には、このような過去志向性そのものが反転し、とにかく前向きな未来志向が前景化してきます。

それと同時に、ゼロ年代以前の楽曲では、別れは決定的なものであり、そのため、去っていく相手に声をかけることもできず、みずからのうちに思いを留め置くしかありません。こうした抑制的な態度と対照的に、ゼロ年代の楽曲は、別れを相対化し、未来への希望や信頼に基づいた、相手に対する「エール」や「呼びかけ」となっています。

そして、まさにこのような姿勢を、ゼロ年代の〈アイドル〉の楽曲、そのパフォーマンスは具現化しているわけであり、それによって、〈アイドル〉はアクチュアルな存在となっているのです。続いては、この「エール」や「呼びかけ」といったコミュニケーション行為についてくわしく見ることにしたいと思います。

注

（1）たとえば、二〇〇六年三月に「Oricon Style」で発表された「定番の卒業ソング NO.1 はあの名曲!!」(http://www.oricon.co.jp/news/14558/full/ 二〇一七年二月一〇日最終閲覧）は次ページ表のようになっている。

このほかにも、「レコチョク」が発表した「30歳が分かれ目？　世代別に見る人気の卒業ソング」（http://bizex.goo.ne.jp/release/detail/93207/）や、「CD&DLでーた」（KADOKAWA）による「心に残る想い出の「卒業ソング」」（http://news.dwango.jp/2015/03/09/17973/j-pop/）などがある。

（2）『Quick Japan』vol.87、二〇〇九年、太田出版、一〇二―一〇三ページ

（3）コブクロも二〇〇一年に同名の「YELL～エール～」を発売している。そこでも、門出にあたって、次のようなストレートなメッセージ、エールが繰り返されている。「君は門出に立ってるんだ 遥かなる道を

ゆくんだ 誇り高き勇者のよう 風立ちぬ その道のどこかで君を探してるんだ 誰かが君を待ってるんだ 思い描く夢のもよういつの日にか その目に その目に so many dream 誇り高き勇者のよう… 今 君は門出に立ってるんだ」

定番の卒業ソングランキング

順位	曲名	アーティスト
1	贈る言葉	海援隊
2	卒業写真	松任谷由実
3	卒業	尾崎豊
4	My Graduation	SPEED
5	さくら（独唱）	森山直太朗
6	卒業	斉藤由貴
7	3月9日	レミオロメン
8	桜	コブクロ
9	春なのに	柏原芳恵
10	さくら	ケツメイシ
11	仰げば尊し	文部省唱歌
12	乾杯	長渕剛
12	空も飛べるはず	スピッツ
14	蛍の光	作詞：ロバート・バーンズ 作曲：スコットランド民謡 訳詞：稲垣千頴
15	想い出がいっぱい	H_2O
16	卒業	ZONE
16	旅立ちの日に	川嶋あい
18	トモダチ	ケツメイシ
18	卒業の歌、友達の歌。	19
20	なごり雪	イルカ

9　ライブ時代の〈アイドル〉／コミュニケーション・コミュニティ

「エール」

前章では、一九七〇年代、八〇年代の代表的な卒業ソングについて、見送る側に視点を置き、過去志向的となっていることと同時に、見送る側が、去りゆく相手にことばを伝えるのをためらっているということを見ました。

松田聖子の「制服」でも、柏原芳恵の「春なのに」でも、見送る側の彼女たちは、彼になにかを伝えたいと思いながら、結局、なにもいえないままでした。斉藤由貴の「卒業」でも、「反対のホームに 立つ二人 時の電車がいま引き裂いた」とあるように、ふたりはことばを交わすことができず、ただ見つめ合うばかりです。また、菊池桃子の「卒業－GRADUATION－」でも、「4月が過ぎて都会へと 旅立ってゆくあの人の 素敵な生き方 うなずいた私」とあるように、彼女は彼のことを黙って見送るばかりです。

一九七〇年代の「なごり雪」でも、列車の窓越しに別れていくふたりで、彼女のほうは、なにかをいいたそうにしていますが、彼のほうは別れを告げられるのが怖くて下を向いているしかありません（「君の口びるが「さようなら」と動くことが こわくて 下を向いてた」）。荒井由実の「卒業写真」では、女性に視点が置かれていますが、そこでもやはり、変わってしまった自分に引け目を感じて、町ですれ違った彼にことばをかけることができないでいます。また、「贈る言葉」も、「贈る」といいながらも、一方的にみずからの思いを吐露するばかりで、そのことばも相手には「もう届かない」と歌われていました。

このように、これらの卒業ソングでは、男性であれ、女性であれ、相手に思いを伝えることができません。ふたりにとって、別れは決定的なものであり、見送る側、残される側と、旅立つ側のあいだには大きな距離が広がり、ことばを伝えるのを諦めざるをえないわけです。

それに対して、ゼロ年代の卒業ソングは、相手への「呼びかけ」、「エール」から成り立っています。いきものがかりやコブクロのように文字通り「YELL」をタイトルとした楽曲や、現在と未来のあいだでのやり取りを歌ったアンジェラ・アキの「手紙」はもとより、森山直太朗の「さくら（独唱）」でも、「さらば友よ　またこの場所で会おう　さくら舞い散る道の上で」と呼びかけられています。

AKBの場合も同様で、タイトルからしてすでに呼びかけになっていることは、「桜の木になろう」をはじめ、「GIVE ME FIVE !」、「So long !」にも当てはまることです。「GIVE ME FIVE !」では、「友よ」と呼びかけ、「思い出より 輝いてる 明日（あす）を信じよう」「それぞれの道 進むだけだ サヨナラを言うな」「またすぐに会える だから今は ハイタッチしよう」と呼びかけられています。「So long !」でも、「明日から強く生きようよ つらいことがあったとしても 1人じゃない 何とかなるさ」という、前向きな呼びかけが歌われています。

「桜の花びらたち」でも、「目の前の大人の階段 一緒に登って手を振ろう」と呼びかけられていますし、卒業を「プロセス」であり、「スタート」だと歌う「10年桜」も、「10年後にまた会おう」と呼びかけるものです。

このように、とにかく前向きな未来志向は、「呼びかけ」によって具現化され、補強されているわけです。

そして、このような特徴は、とくにＡＫＢの楽曲では、描かれている状況がどこなのかわからないという抽象性――もちろん、卒業ソングの場合は、桜の咲く季節だということはわかるのですが――によってさらに補強されることになります。状況の抽象化は、日常の情景を歌うものであったフォークソングとは対照的なものですが、楽曲がＭＶとともに制作されることが前提となり、もはや歌詞のなかでの情景描写が必要ではなくなったことも一因としてあげることができるでしょう。いずれにしろ、どこでなのか、誰が誰に対して歌っているのかわからないという抽象性によって、逆に、どこでも誰にでも当てはまるものになるということもあります。それによって、「呼びかけ」は、歌われている世界を超えて、わたしたち聴く者に向けられ、わたしたちをその世界に巻き込んでいくことになります。

コミュニケーション・コミュニティ

歌われている状況のこのような抽象化は、性別の抽象化としてもあらわれてくるものです。

先に見たように、一九八〇年代の〈アイドル〉が歌う卒業ソングは、歌っているのが女性〈アイドル〉であるため、都会に出ていく彼を見送る彼女という構図になっていました。そして、卒業にともなう別れは、ふたりを決定的に分かつものでした。

しかし、ゼロ年代の卒業ソングの「〜しよう」という「呼びかけ」が打ち立てるのは、「わたしたち」という集団的なアイデンティティ、あるいは、コミュニケーション によって、他者とのあいだにコミュニティ＝共同性が確立されるわけです。近年の卒業ソングでは別れが相対化されることを確認しましたが、それはまた、このコミュニティ＝共同性が維持されることを示すものにほかなりません。

この点に関しても、やはり興味深いのは、ＡＫＢの楽曲です。しばしば指摘されてきたように、ＡＫＢの楽曲は、女の子たちが歌っているにもかかわらず、「わたし」や「あたし」ではなく、「ぼく」という一人称が使われることがあります。

この点に関しては、ＡＫＢの「会いにいけるアイドル」という基本コンセプトによるという説があります。この説によれば、かつての〈アイドル〉ファンは、〈アイドル〉をただ見ることしかできませんでしたが、「会いにいけるアイドル」が登場することで、ファンの側も〈アイドル〉から見られるようになり、とくに、握手会などでみずからのことを印象づけられるよう「コミュニケーション能力」が求められるようになってくるのだとされます。こうして、〈アイドル〉が活動する現場に、熱狂的なファンだけでなく、普通の若い男の子たちも増え、女の子たちも足を運びやすくなり、ファンの数が増えていきます。このようなファン層の変化が歌詞にも反映され、〈アイドル〉とファンとの関係は疑似恋愛的なものではなくなり、「わたし」ではなく「ぼく」が選択されることになるというわけです。

ＡＫＢ48の歌詞は、これまでの女性アイドルの典型である疑似恋人的な歌詞から、男性目線での恋愛観、青春観を歌う歌詞に変わってきており、聴き手に恋愛や青春を疑似体験させる内容にシフトしてきている。

そもそも、アイドルと直接目を見て会話できるのだから疑似恋人的な内容を今さら歌詞に求める必要はない。それよりも大切なのは『大声ダイヤモンド』でステージに向かって「好きっ！」と叫ぶような感情のほとばしりであり、ＡＫＢ48の歌詞の変化はファンの需要の変化に対応している。(1)

恋愛禁止をいまだに一応の建前とし、スキャンダルがほのめかされるだけで炎上するＡＫＢで、ファンにとってメンバーが「疑似恋人的」対象でないと言い切るのは難しいと思いますが、この説で重要なのは、恋愛や青春を疑似体験させ、感情を共有することで、一体感が生み出されることになっているという指摘です。つまり、状況が抽象的であることで誰にでも当てはまるのと同様に、彼女たちが「ぼく」と歌うことで、その視点が誰にでも当てはまるようになるわけです。言い換えれば、彼女たちが「ぼく」と歌うことで、「ぼくたち」、あるいは「わたしたち」が前景化され、一体感というかたちで、集団的なアイデンティティ＝コミュニティが構築されることになるのです。

この点については、ももクロの「走れ！」（二〇一〇年）を例にした、美学者の安西信一による分析が参考になります。男性の視点から書かれた歌詞を女性アイドルが歌う「ジェンダー交差歌唱」がもたらす効果について、次のようにいわれています。

「君」と「僕」、ももクロと（男性）ファンとのあいだには、ある種のクロスオーバー（取り違え《キプロコ》、交差語法《キアスム》、無差別）が成り立つ。それによって、「君の元へ」と「走」る身体運動、「ココロ」を超えた「体」の不思議な繋がりの力は、ももクロとファンのあいだで双方向的なものとなる。そして両者の一「体」感はいっそう強まるのである。(2)

「走れ！」の場合、前向きな歌詞もさることながら、ライブでは、サビの部分が、会場の照明が落とされ、ファンが振るサイリウムの光が浮き上がるなかで歌われ、さらに、ファンも一緒になって歌うように促されるなど、一体感がとくに強調される楽曲です。

そして、安西の分析で指摘されているように、このような一「体」感を生み出すうえで重要なのは、身体的な現前です。この点は、「今会える」ももクロにしろ、「会いに行ける」ＡＫＢにしろ、彼女たちが「ライブアイドル」と呼ばれていたように、ゼロ年代に入ってからのライブ文化の盛り上がりと密接な関係があります。

ライブ文化とアウラ——拡張されたリアリティ

ライブ文化の盛り上がりの原因について、音楽がデジタル化され、ほぼコストゼロで複製可能になったことで、複製することのできない一回的な体験を求めるようになったためだと説明されることがあります。

そこで言及されるのが、「アウラ」――「オーラ（aura）」をドイツ語読みしたものです――という概念です。この概念を提示したのは、ヴァルター・ベンヤミンというドイツの批評家で、「複製技術時代の芸術」などの論文で、写真や映画のような機械的な複製による、芸術作品の変質を論じるなかで「アウラ」は用いられています。たとえば、映画においては、役者が編集を見越してカメラの前で役を演じるようになることで、観客のまさに眼前で演技していた舞台俳優が身にまとっていた「アウラ」が失われるのだと断ぜられています。

この延長で、デジタル技術という完璧な複製技術の登場によって失われてしまった「アウラ」を、音楽に回復させるのが、ライブという一回的な経験だというわけです。しかし、注意しなくてはならないのは、複製技術時代の芸術でも、「アウラ」が完全に失われてしまうわけではないということです。たとえば、ベンヤミンは、写真に関して、身近な人の肖像写真、その〈顔〉に「アウラ」は最後の避難場所を見つけ出すのだといっています。映画においても、「アウラ」の代替物――紛い物といったほうがよいかもしれませんが――として、〈スター〉の「パーソナリティ」が編み出されることが指摘されています（「映画界はアウラの消滅に対抗するために、スタジオのそとで人為的に〈パーソナリティ〉をつくりあげ、映画資本を動員してスター崇拝をおしすすめる」）[3]。写真の持つ近さを人為的・産業的に再現するのが、映画の〈スター〉がまとう「パーソナリティ」というわけです。

ベンヤミンは、このような〈スター〉を起用することで商業的な成功を盲目的に追い求める映画に対して批判的なわけですが（「こうして温存されるパーソナリティという魔術は、いまではすでに腐敗しきったその商品的性格の魔術でしかなくなっているのである」）、わたしたちにとって重要なのは、この文化産業――本来、相反するとまではいわないまでも、遠く離れたものであるはずの「文化」と「産業」が一緒になっていることに注目しましょう――に対する批判が、映画というメディアが商業的だとしても、そもそも商業的成功はいかにして可能なのかを明らかにしようとしている点です。「批判」とは、ただ悪くいうものではなく、そもそもなぜなのかと問う態度のことです。すなわち、〈スター〉にしろ、あるいは、〈タレント〉や〈アイドル〉にしろ、このようなメディア的な形象は、メディア表現にいくばくかの「アウラ」を回復させるわけです。逆にいうなら、複製技術による表現が広く受容される、マスメディアが可能になるのも、さまざまなメディア的な形象によって、曲がりなりにも、回復された「アウラ」によるものだといえるでしょう。

そして、この観点からすると、複製されるメディア表現と、一回的なライブ文化は相反するものでなく、むしろ相補うものであることが明らかになります。つまり、〈スター〉や〈タレント〉、そして〈アイドル〉といったメディア的な形象の現前によって、間接的で距離をはらんだメディア表現に「アウラ」が回復されると同時に、他方では、メディア表現によって、リアルな存在に宿る「アウラ」も、別のかたちで、強化されることになるのです。

それはたとえば、ライブ会場で用いられる映像表現によくあらわれています。ドームやスタジアムなどの大きな会場では、歌っている姿を遠くの席の人にも見えるようにするためだけでなく、演出として、CGなどの映像が多用されるため、大型スクリーンは欠かすことができません（その好例は、Perfumeのライブです）。まさにそこにいるという身体的現前が、ただ延長されるだけでなく、映像表現が重ねられ、加工されることで、強化、拡張されるわけです。このような演出も、プロレスや総合格闘技のイベントを彷彿とさせるものです。かつての「PRIDE」のような総合格闘技は、身長二メートル近い選手たちが戦うとはいえ、寝技になると、大会場では多くの観客にはほとんど見えません。にもかかわらず、大会場での興行が可能になったのは、大型ビジョンが設置され、選手の攻防を見せられるようになったからです。しかし、それだけでなく、大型ビジョンは演出にも積極的に用いられ、インタビューやイメージ映像など、いわゆる「煽り」のVTRが会場内で流されます。選手たちは、これらの作り込まれたイメージを身にまとって、リングに登場してくるわけです。

このような身体的現前と映像表現の相互作用は、まさにAR（拡張現実）的なものです。つまり、映像は、そこに現にある存在に取って代わるのではなく、その存在を拡張し、強化するのです。そして、逆に、映像のほうも、被写体がまさにそこにいることによってリアリティや説得力を増すことになります。

そして、このようなAR的表現は、〈アイドル〉が〈キャラ〉的な存在であることと親和性が高いものでもあります。先に見たように、〈アイドル〉は、虚々実々の両義的な存在でしたが、そのような存在であるがゆえに、映像による加工を受け入れやすくなります。なかでも、ももクロのような過剰な〈キャラ〉づけは、奇抜な衣裳をはじめとして、ライブにおけるパフォーマンスを映像で加工することや、また逆に、彼女たちが映像表現へ登場することを容易にします。その意味で、映像表現とリアルなパフォーマンスを収めたDVDやブルーレイのような映像ソフトは、現場を経験できなかったファンたちのための埋め合わせであるだけでなく、現場での体験を再現し、さらには現場での経験以上の経験を与えてくれる「完全版」といえるでしょう。この点にも、映像表現と現場、複製技術とライブが相互に補完することがよくあらわれています。

こうして拡張された身体的な現前によって、ドームやスタジアムのような大会場では、ライブハウスとは違った、拡張されたリアリティのなかでの一体感が可能になります。

そして、このような拡張された一体感は、先に分析した未来志向的な「呼びかけ」によって補強されると同時に、そのような一体感によって、未来志向的な「呼びかけ」も根拠づけを与えられることになります。

このようなコミュニケーションによる共同性＝コミュニティ、あるいはコミュニオンともいうべき関係性を可能にするパフォーマンスを指すのが、コミュニケーション理論でいうところの「パフォーマティヴ」です。

パフォーマンス／パフォーマティヴ

「パフォーマティヴ（performative＝行為遂行的）」という概念は、「言語行為論（speech act theory）」というコミュニケーション理論の祖であるジョン・オースティンという哲学者によるものです。[4]「言語行為論」とは、文字通り、ことばをひとつの行為として考えようというものですが、この理論の画期性を把握するには、それ以前の言語哲学について理解しておく必要があります。それまでの言語哲学では、ことばは世界の状態について記述するものとして扱われ、ことばと事態が合致するかどうかという真偽のみを問題にするものと前提されていました。「言語行為論」はこのような前提に対して異議申し立てをしたのです。というのも、わたしたちが日々、実践している言語活動はあくまで一連

J・オースティンによる言語行為論（1）
事実確認的：世界の状態について記述し、真偽が問題になる
パフォーマティヴ＝行為遂行的：それ自身で出来事となり、効果が問題になる

の行為の文脈のなかにあるものであり、そこで問題になるのは、真偽ばかりでなく、そのことばが相手に対して、どのような効果や影響を及ぼすのかです。そこで、オースティンは、真偽が問題になることばを「事実確認的（constative）」と呼び、それに対して、ひとつの行為として、効果が問題になることばを「パフォーマティヴ」と呼びました。たとえば、「外は晴れている、雨が降っている、曇っている」などが典型的な事実確認で、「……することを約束する、誓う」や、「……しろ、するな」という命令文、あるいは、開会式での開会宣言や結婚式での宣誓、戦争の布告などが典型的なパフォーマティヴな発話です。もっとも、日常の言語活動では、これらの両者はそれほどはっきりと区別されるわけではありません。たとえば、「晴れている」ということばが問題にしているのは、実際に外が晴れているかどうかということかもしれませんが、それだけでなく、「（晴れているんだから）出かけよう」とか、あるいは逆に「（晴れていて暑すぎるから）出かけないでおこう」というように、相手に対して次の行動を示唆するものでもありえるからです。

このようなコミュニケーションの問題、個々の場面で、ことばがどのように使われているかを考えるために、「言語行為論」、そして、「パフォーマティヴ」の概念は提唱されたわけです。

しかし、その後の展開において、「言語行為論」は、発話者の側がどのような意図を持っていたのかに注目し、行為遂行的な表現を分類するだけのものとなり、実

J・オースティンによる言語行為論（2）
発話行為：ある状況・文脈で言葉を発することそのもの
発話内行為：なにかを言いながら、その行為をなすこと
発話媒介行為：なにかを言うことによって、相手になんらかの効果を及ぼすこと

際のコミュニケーション行為のあり方を考える理論ではなくなっていきました。この点は、「パフォーマティヴ」な表現のうち、なにごとかを「言いながら」、それを「おこなう」、たとえば、「……を約束する」といいながら、「約束」という行為を実現するという「発話内行為（illocutionary act）」のみを扱い、なにごとかを「言うことによって」、何らかの効果を相手に及ぼす「発話媒介行為（perlocutionary act）」が切り捨てられていったことによくあらわれています。とはいえ、ことばを、相手に実際に効果を与える行為として考えるという本来の問題設定からすれば、より重要なのは「発話媒介行為」のほうです。この概念こそが、実際のコミュニケーション、すなわち、ある発話が、相手に対して影響や効果を与え、その相手がなんらかのかたちで反応するという、偶然性にみちたコミュニケーション行為を問題にするものだからです。それにもかかわらず、この行為は、まさにこのようなコミュニケーションを扱うがゆえに、つまり、相手に対する効果や相手からの反応が、個々の具体的なコミュニケーション状況に左右され、体系化しえないものであるという理由で排除されていったのでした。

しかし、パフォーマンスをともなった、未来志向的な「呼びかけ」のようなコミュニケーション行為は、「発話媒介行為」にほかなりません。というのも、実際の対話相手に向けられ、偶然にみちた、すなわち、未来に開かれたことばを問題にするのが、「発話媒介行為」だからです。そして、それは逆にいえば、この

ようなコミュニケーション行為を考えることで、「言語行為論」そのものを更新すること、「発話媒介行為」の観点からの「言語行為論」を改めて理論化する可能性が開かれるということでもあります。

ここで参考になるのが、ジャック・デリダという哲学者による、アメリカ独立宣言の分析です。これは、独立宣言の二〇〇周年の際に発表されたもので、「宣言」というコミュニケーション行為が、「パフォーマティヴ」概念を用いて分析されています。

それがこの宣言的行為の賭金であり、力、力技なのだが、独立がこの言表［＝「独立宣言」］によって確認されるのか、生み出されるのか決定不可能なのである。（中略）国民は実際には、既に解放されており、「宣言」によって、この解放を確認するだけなのか、それとも、この「宣言」の瞬間、その署名によって解放されるのか？（中略）行為遂行構造と事実確認構造のあいだのこの曖昧さ、この決定不可能性が、求められた効果を生み出すには必要なのである。それらが権利の、そのものとしての定立に本質的なのだ。（中略）「宣言」の「我々」は「国民の名のもとに」発話している。ところが、この国民は存在していない。この「宣言」以前には存在していないのだ。いずれにしろ、それとしては存在していないのである。(5)

独立「宣言」はまさに、「パフォーマティヴ」なことばであるわけですが、しかし、もしそこで「我々」と名指されている「国民」がすでに存在し、独立しているのなら、「事実確認」ということになります。とはいえ、そもそもその発話者である「国民」が、この宣言によって**名指される**ことで初めて、それとして誕生するのだとすれば、すぐれて「パフォーマティヴ」な発話ということになります。というのも、この発話によってまさに、アメリカ合衆国の国民という発話主体そのものが生み出されるからです。そしてそれは、この「宣言」が、「パフォーマティヴ」な発話、なかでも、意図などが問題になる以前に、発話によって、それを発話した主体そのものが生み出されるという根本的な効果が問題になっている点で、「発話媒介行為」にほかならないということです。それは、時間の観点からいえば、いまだ発話者である国民が存在していない現在から、存在するようになった未来を先取りし、その先取りされた未来から、現在の国民という存在が仮構されるということです。

このような「宣言」の分析が明らかにしているのは、未来を志向することによって、現在におけるアイデンティティ、あるいは、共同性＝コミュニティが仮構されるということです。

そして、これはなにもアメリカ合衆国の「独立宣言」という特異な発話にだけ当てはまることではありません。そうではなく、「パフォーマティヴ」な発話、つまり、コミュニケーション行為一般に当てはまることです。

たとえば、「約束」は、「発話内行為」の典型とされるものです。それは、「……を約束する」といったまさにそのときに「約束」という行為が成立するからです。しかし、このコミュニケーション行為は、「約束する」といった発話主体を、その約束を果たさなければならないという義務によって拘束するだけではありません。それだけではなく、より根本的に、その約束された未来の行為がなされるかもしれず、なされないかもしれないという可能性によって、約束を交わした者たちが結びつけられるのです。「独立宣言」の場合も、「国民」はこうしたかたちで結びつけられ、誕生したのです。独立「宣言」と同様に、「約束（pro-mise）」というコミュニケーション行為は、「未来志向的＝展望的（pro-jective）」あるいは「未来予持的（pro-tentional）」なものであり、それによって、現在の共同性＝コミュニティが仮構されるのです。これが、コミュニケーション行為のもっとも根本的な効果にほかなりません。

アイドルの〈約束〉

ここまで「言語行為論」、なかでも「パフォーマティヴ」や「発話媒介行為」といった概念に注目して、行為としての言語活動がどのような効果を持ちうるかについて考えてきました。

先に、〈アイドル〉たちの歌う卒業ソングの歌詞を分析し、それが過去志向的なものから、未来志向的なものへと変化してきたことを確認しました。ここでは、この未来志向が、「呼びかけ」、「パフォーマティヴ」な言語行為と切り離しえないものであり、それが、〈アイドル〉を中心にして、とくにライブにおいて形成される関係性、あるいは、共同性＝コミュニティにおいて重要な役割を果たすものであることを見てきました。

そして、成長する〈アイドル〉たちの活動を導いているのも、「約束」のようなパフォーマティヴなことばです。

たとえば、まだ駆け出しのときに、東京ドームや国立競技場での公演や、『紅白』への出場といった、無謀とも思える夢をファンの前で「宣言」し、「約束」したりします。あるいは、「恋愛禁止」もまた、ファンに対しての「宣言」であり「約束」です。このような言語行為によって、〈アイドル〉

の〈アイドル〉らしさ、アイデンティティが確立されるわけですが、それと同時に、〈アイドル〉たち自身だけでなく、ファンをも巻き込んだかたちで、集団的なアイデンティティ、共同性＝コミュニティも確立されるのです。それは、先の「独立宣言」によって誕生した「国民」の場合と同様です。

このようなパフォーマティヴなコミュニケーション行為によるアイデンティティやコミュニティの確立に関して重要なのは、個人にしろ、集団にしろ、アイデンティティを成り立たせるのが過去だけではないことを明らかにしていることです。たしかに、アイデンティティの確立にあたって、過去の記憶は重要です。個人のレベルでも、ほかのものではない、オンリーワンの「わたし」が確立されるのは、各人が、遺伝という生物的な記憶も含めて、他人と異なった記憶を持っているからこそです。集団としても記憶を共有していることは欠かせません。たとえば、言語や、歴史＝物語、そこに登場する実在であれ、虚構であれ、偉人たちの名前であったり、あるいは、映画や、テレビ番組、マンガ、アニメ、そして、〈アイドル〉たちが歌う楽曲といった文化産業の製品などを、漠然とであれ、共通の知識や経験として有していることによって初めて、国民であれ、世代であれ、集団的なアイデンティティの確立が可能になります。しかし、アイデンティティの構築は、このような過去の記憶だけでなく、夢や約束などのように、未来を共有することによっても可能になるのです。

そして、このような未来の共有によって可能になる共同性には、過去の記憶による共同性よりも排他的ではないという長所もあります。後者の場合、同じ過去を共有している「わたしたち」に対して、共有していない者たちが「彼ら」と名指され、一線が引かれることになります。このような傾向は、なにも〈アイドル〉ファンに限ってのことではなく、モノであれ、知識であれ、収集癖が強いマニアやオタクなどにもよく見られることです。

しかし、それに対して、未来志向によって築かれるコミュニティ＝共同性は、そのような排他的なもの、閉じたものであるよりむしろ、開かれたものとなりえます。というのも、そもそも「約束」は、いまだ実現していないかぎりで、「約束」だからです。もちろん、「約束」が一度も守られなかったり、取り交わした「約束」がいつまでたっても履行されないような場合、嘘つき、狼少年として見限られてしまいます。そのため、一〇〇パーセントでなくとも、「約束」は実現しなくてはなりませんし、一度、実現したら、新たな「約束」を結び直し、いま一度新たな未来を開き、共有のものとしなくてはなりません。そして、それによって、「約束」による共同性はつねに開かれたものであるわけです。

このような未来へ開かれたパフォーマティヴ性はまた、〈アイドル〉を特徴づけるものであった〈キャラ〉やAR性と親和性が高いものでもあります。というのも、過去の記憶の場合、検証に晒され、虚か実かを判断されますが、未来の「約束」の場合、虚と実が相反することなく、両義的なものとして、とりあえずはそのままに共存しうるからです。この意味で、未来の「約束」、あるいは「約束」された未来は、現在の姿を拡張することになるわけです。それは先にも見ましたが、ももクロの『紅白』に出ようね」、あるいは、「国立でのライブ」という「約束」によくあらわれています。

ここまで見てきたように、〈アイドル〉とは、新たな状況に置かれ、その状況に前向きに臨む姿勢、「ハビトゥス」を実践し、伝達していく存在でした。そのような状況で初めて、みずからの〈キャラ〉を打ち出し、たしかめることができるのでした。そして、それは、〈アイドル〉の側、見せる側だけでなく、ファンの側、見る側をも巻き込んでいくことになります。関係性、コミュニケーションに重きを置く社会における作法を、〈アイドル〉というメディア的な形象は伝えているのです。こうして、〈アイドル〉を中心としたひとつの共同性＝コミュニティ、あるいは、ひとつの文化がかたちづくられることになります。新しい状況、未来に臨んでの前向きな姿勢、未来志向性によって、〈アイドル〉は〈アイドル〉たりうるのであり、それによってこそ、〈アイドル〉は、わたしたちの生きるメディア社会のひとつの焦点なのです。

注

（1）岡島紳士／岡田康宏『グループアイドル進化論』マイコミ新書、二〇一一年、一五八ページ
（2）安西信一『ももクロの美学――〈わけのわからなさ〉の秘密』廣済堂新書、二〇一三年、三八ページ
（3）ヴァルター・ベンヤミン『複製技術時代の芸術』佐々木基一訳、晶文社、一九九九年、二九ページ
（4）ジョン・オースティン『言語と行為』坂本百大訳、大修館書店、一九七八年
（5）Jacques Derrida, *Otobiographie: L'enseignement de Nietzsche et la politique du nom propre*, Galilée, 1984, pp. 20–21.

10　おわりに――それでもなお〈アイドル〉か!?

　ここまで、メディア文化における〈アイドル〉の役割を見てきましたが、未来志向にしろ、教育装置、共同性＝コミュニティにしろ、ポジティブな面を取り上げ、記述もポジティブなものであったと思います。

　〈アイドル〉がひとつの文化として根づいた現在、頭ごなしに批判する人も少ないでしょうが、だからといって、全面的に批判を免れた存在というわけではありません。

　たとえば、モーニング娘。でもそうでしたが、アイドルグループでは、たとえ成功していても、どんどんメンバーが入れ替わっていきます。とくに、「卒業」という便利な制度とことばのおかげで、グループからの離脱が受け入れられやすくなっています。「現代の角兵衛獅子」と評されたこともありました――この場合、プロデューサーが「親方」ということになるのでしょう――が、そもそも彼女たちの労働環境はどうなっているのかという懸念もぬぐい去ることができませんし、ファンとの距離があまりに近すぎるため、悲劇的な事件もしばしば起きています。もし、アイドルグループの労働環境が恵まれたものであるなら、そうやすやすとやめていくことはないでしょう(1)。

　また、「AKB商法」と揶揄されるように、同じ楽曲を、いくつかのバージョンで発売したり、握手会や「総選挙」への参加などの特典をつけることで複数枚CDを買わせるようなあざとい商法は、

ＡＫＢにかぎらず、多かれ少なかれ、見られるものです。あるいは、「握手会」や、「ツアー」などの接触系のイベントのなかには、いささか過剰すぎるものもあり、引いてしまうこともあります。ライブのチケットも、「会いに行ける」「今会える」といいながら、いまや手に入りにくくなっているだけでなく、大会場での公演が増えるのにともなって、価格も上昇し、とくに若い人にとっては、なかなか厳しい状況になっています。

このような状況を見るにつけ、〈アイドル〉が「ハビトゥス」を伝達する教育装置となっているのではないかと先に指摘したものの、しょせん消費文化のなかでの振る舞い方を消費者に刷り込んでいるにすぎないということもできるでしょう。〈アイドル〉は、とくに「ティーンズ・マーケティング」の担い手として、〈アイドル〉自身だけでなく、ファンという消費者を消耗させていくための仕掛けにすぎないというわけです。

このような〈アイドル〉にまつわるネガティブな側面は、文化産業全般に当てはまるものです。そもそも文化産業論の祖であるホルクハイマーとアドルノの「批判理論」で中心的な標的となっていたのも、映画の〈スター〉というメディア的な形象でした。「批判理論」は、批判的な理論ということですが、あくまで「文化産業」に対する「批判」であり、ただ断罪するだけのものではなく、そもそも「文化」が「産業」に呑み込まれていくのはなぜかを問うものです。スター・システムによって製作された映画がどれもこれも変わり映えのしない画一的なものであり、資本主義的な生産関係を温存させるものにすぎないと批判されたのでした。

このような批判は、〈タレント〉を中心として作られたテレビ番組であれ、「アーティスト」の歌う

Jポップであれ、〈アイドル〉を中心として展開されるメディア産業であれ、現在の文化産業にも当てはまることでしょう。

しかし、それは、これらの産業の「外」から、あるいは、「上」からなされたものにすぎません。このような立ち位置からでは、なぜ、そのような唾棄すべき文化産業を人々は受け入れているのかを説明することができません。わたしたちはだまされている――「文化産業論」では「大衆欺瞞」ということばが使われます――だけなのでしょうか。たとえそうだとしても、それを言い立て、告発するだけでは、毒にも薬にもならない、ただの愚痴かおしゃべりです。むしろ重要なのは、だまされているならだまされているとして、そもそもなぜ、だまされるのかを明らかにすべく、現象の「内」から考えてみることです。そうしないかぎり、そこから逃れることもできないでしょう。「批判」とは、ただ断罪することではなく、このように、なぜそうなのかを「内」側から検証することにほかなりません。

実のところ、このように問いを立てるなら、文化産業のネガティブな面を考えることも、ポジティブな面を考えることも、それほど変わらないものとなります。だまされるにしろ、魅了されるにしろ、そもそもなぜ、わたしたちは、文化産業に影響され、逃れがたく囚われているのか、あるいは、なぜ、文化産業はそのような力を持ちうるのか、その力の源泉はどこにあるのかを問うことになるからです。言い換えれば、文化産業、あるいは、メディアが伝える「内容」以前に、わたしたちとメディアとの「関係」がそもそもなぜ成立しているのか、つまり、メディアとの「コンタクト＝接触」の次元を問うことこそが問題となるのです。

しかし、本書の冒頭でも指摘しましたが、このような次元を問うべく、「内」からアプローチすることにも、「外」からや「上」からの批判と同じぐらいの危険があります。なぜなら対象と適切な距離が取れず、事実や証言をただただ報告するだけで終わってしまうことがあるからです。このような危険を回避すべく、本書では、これまで蓄積されてきたメディアやコミュニケーションの理論を参照しながら、理論と現象を突き合わせ、両者をともに検証するように試みてきました。

この試みがどこまでうまくいったかは、みなさんに判断してもらうしかありません。これも冒頭でいいましたが、〈アイドル〉のような対象を理論的に論じようとすることは、一方では、不必要に衒学的な、まわりくどい議論を振り回しているように見えかねないと同時に、他方では、十分に現象に接近できていないと断ぜられるだけに終わってしまうという危険があります。とりわけ〈アイドル〉のようなメディア現象は、若い人や学生のほうがなじんでおり、知識も豊富で、ちょっとした違いや変化に敏感です。そのような生の感覚についていくことはそもそも無理な話でしょうし、そのような意見には頭を垂れて、耳を傾けるのが一番です。それに対して、研究者ができることといえば、その距離を活かして、ちょっとした気づきや違和感を位置づけること、文化産業のような大きな問題のひとつの側面を考えることにつながっていることを示す以外にはないでしょう。

そもそも〈アイドル〉という対象に、メディア論の観点から取り組んでみよう、あるいは、取り組むべきなのではないかと思い始めたのは、二〇一二年に現在の職場に移り、学生たちと日常的に接しているなかで抱いた、ある種の「違和感」からでした。

スマホで自分の写真や動画を簡単に撮れるようになり、その映像をTwitterやLINEなどで共有することがごくごくあたりまえになっています。学生たちは、そのためのベストな撮り方や撮られ方を身体化して理解しており、それを、ちょっとしたアルバムやビデオとしてまとめることも簡単にできてしまいます。つまり、これまでは芸能人やアイドルに限られていた、メディア上でベストな振舞いやパフォーマンスをするなどの「アイドル能力」といったものがますます日常的なものとなり、それを日々、発揮する、あるいは、それを期待される環境にあるわけです。言い換えれば、〈アイドル〉文化の「ハビトゥス」を現代の学生や若者はしっかり身につけている、身についてしまっているわけです。これは、「吉本ハビトゥス」を身につけ（てしまっ）ている関西人が、誰かが失敗するとこけるのと同様です。

あるいは、ジャニーズ事務所の男性〈アイドル〉はもちろんのこと、モーニング娘。やAKBのような女性〈アイドル〉のファンであることが普通になる、とりわけ、男の子より女の子たちのほうが〈アイドル〉に関心を持っているということもあります。さらにいえば、彼女たち自身も、ちょっと違っていれば、あちらの〈アイドル〉の側に行っていたかもしれないということもあります。もちろん、ちょっと違っているがゆえに、あちら側には行けないわけで、決してちょっとしたものではないのですが。

このような些細な「違和感」から、〈アイドル〉的なものについて考えてみるようになりました。その手始めとして、〈アイドル〉関連の映像を見たり、楽曲を聴いてみたり、学生たちの生のことばを聞くようにしたわけですが、当初は、やはり「違和感」がなかったわけではありません。それが、そうこうしているうちに少しずつ、自分なりの楽しみを見出せるようになっていきました。

このような変化は、なにも個人的なものではなく、世代的なもの――「アナログネイティブ」と呼ばれることもある、テレビの子どもの世代――という面もあるのではないかと思います。

かつてAKBが認知度を上げつつあったとき、たとえば、現在では、自身の番組でAKBと共演するなどしているナインティナインの岡村隆史も、「逆ホストクラブ」などと辛辣に評するなど、批判的でした。また、伊集院光やおぎやはぎの矢作兼も「アコギ」や「キャバ嬢」といった表現でAKBを批判していました[2]。彼らはそれぞれ、伊集院が一九六七年生まれ、岡村が七〇年生まれ、矢作が七一年生まれと、八〇年代アイドルの洗礼を受けた世代であり、八〇年代〈アイドル〉と比較して、当初はAKBに批判的だったのではないかと思われます。それが、〈アイドル〉と呼ばれているとはいえ、八〇年代とゼロ年代のそれはそもそもまったく別ものであることを発見し、批判的でなくなり、ある種の楽しみ方を見つけていったのではないでしょうか。

筆者自身もこのような世代のひとりとして、現在のいわゆる〈アイドル〉たちが、〈アイドル〉っぽく見えない一方で、Jポップの時代の女性〈アーティスト〉たちが〈アイドル〉の変種としか見えないわけですが、いずれにしろ、そのような視点から、〈アイドル〉なるものをメディア論的に位置づけ、文脈化してみようと思いたったのでした。

以上のような次第で、本書を執筆したわけですが、研究者としては、〈アイドル〉を中心としたメディア文化を論じることで、メディアの理論をいくばくかでも更新できていればと思っています。また、大学で、〈アイドル〉と変わらない世代の学生たちと向かい合っている身としては、こうして更新されたメディアの理論への導入になると同時に、〈アイドル〉に限らず、日常のちょっとした現象も違った角度から考えることができ、そうすることで初めて見えてくることもあるのだという気づきにつながってくれればと願ってやみません。

本書の編集については、『デジタル・スタディーズ』シリーズに続いて、東京大学出版会の木村素明さんに担当していただきました。大学出版としては、チャレンジングな企画だったかもしれませんが、本書ができるかぎり多くの人に届くよう、お世話になりました。

二〇一七年二月一〇日　ロンドン

西　兼志

注

(1) アイドルの労働環境については、元アイドルたちの述懐を収めた、以下のインタビュー集が興味深い。
吉田豪『元アイドル！』ワニマガジン社、二〇〇五年

(2) http://www.menscyzo.com/2011/06/post_2704.html（二〇一七年二月一〇日最終閲覧）

アイドル／メディア論のためのブックガイド

（本書で、直接、触れなかったが、参考にしたものも含めて、〈アイドル〉とメディアを考えるにあたって重要な文献を紹介している。また、あげているのは、書店などで手に入りやすい版である）。

■アイドル

秋元康／田原総一朗『AKBの戦略！――秋元康の仕事術』アスコム、二〇一三年

「齢78にしてAKBにハマり続けている」という田原総一朗が、秋元康に、AKBの創設以来の歴史、これからの展望について聞いたインタビュー。AKBについて抱かれるイメージ（「AKBはリナックス」「AKBはドキュメンタリー」「テレビは『最大公約数』で、AKBは『最小公倍数』」など）が印象的な言葉で言い表されている。

阿久悠『夢を食った男たち――「スター誕生」と歌謡曲黄金の70年代』文春文庫、二〇〇七年

アイドルだけでなく、演歌からアニメ主題歌、CMソングなど、五〇〇〇曲以上の作詞を手掛けた著者が、『スター誕生！』の立ち上げの経緯、輩出したアイドルたちについて記しており、著者が審査基準として言ったとされる「下手を選びましょう。それと若さを」という言葉はその後のアイドルのあり方、受容のされ方を決定づけることになった（単行本は九三年に毎日新聞社より出版されている）。

安西信一『ももクロの美学――〈わけのわからなさ〉の秘密』廣済堂新書、二〇一三年

東京大学で美学を講じ、「モノノフ」であった著者が、ももいろクローバー（Z）を身体論、メディア論、日本論といった観点から多面的に論じた好著。なかでも、第2章「Zコースター」の楽曲分析は重要。

稲増龍夫『アイドル工学』ちくま文庫、一九九三年

一九八九年に出版された単行本を文庫化した著作。

本書でも「アイドル能力」について参照したが、社会学者によるアイドルの古典的著作。元アイドルやスタッフの貴重な証言も集められているものの、逆に、現場の雰囲気に巻き込まれすぎているきらいもあるが、それも含めて、八〇年代の雰囲気をよくあらわしている。

太田省一『アイドル進化論――南沙織から初音ミク、AKB48まで』筑摩書房、二〇一一年

七〇年代以降のアイドルについての社会学的記述だが、六九年夏の甲子園野球大会の決勝戦で、再試合も含めて、二七回をひとりで投げきった「甲子園のアイドル」の元祖というべき太田幸司についてから始まっている点は興味深い。また、同じ著者の『社会は笑う――ボケとツッコミの人間関係』(青弓社、二〇〇二年)では、テレビのバラエティ番組を分析することから、「ボケ」と対になっているのが「ツッコミ」から「フリ」へという笑いのあり方の変化が論じられている。

岡島紳士/岡田康宏『グループアイドル進化論――「アイドル戦国時代」がやってきた!』マイコミ新書、二〇一一年

アイドルを中心としたライター、編集者であるふたりが、七〇年代のキャンディーズやピンク・レディー以降、AKBなどの現在のグループアイドルの流れをまとめたもの。また、現場に携わるプロデューサーたちのインタビューも収められている。

小倉千加子『増補版　松田聖子論』朝日文庫、二〇一二年

タイトルにあるのは、松田聖子の名前のみだが、対照項として、山口百恵についても論じられている。本書でも参照したが、ふたりの「わがまま」の差異から、八〇年を境とした女性の生き方、日本社会のあり方の変化が明快に取り出されている。アイドル論としても、松田聖子の歌う歌詞世界の記号論的分析は秀逸。

川上アキラ『ももクロ流――5人へ伝えたこと　5人から教わったこと』日経BP社、二〇一四年

ももいろクローバーのマネージャー、プロデューサーである著者が、手探りでのグループの立ち上げから、

国立競技場での二日にわたる公演を成功に導くまでの過程を描き出している。また、後半はメンバーとの対談に割かれている。

川上徹也『新潟発アイドルNegiccoの成長ストーリーこそ、マーケティングの教科書だ』祥伝社、二〇一四年

二〇〇三年にデビューした、新潟を活動拠点とするローカル・アイドル「Negicco」の歴史をたどりながら、企業と消費者が価値観を共有することから商品を生み出すというマーケティング3.0の可能性が論じられており、それを実践した大小の企業の事例も取りあげられている。

神田法子『聖子』小学館、一九八六年

郷ひろみとの破局会見、神田正輝との結婚を経て書かれた自叙伝。山口百恵の『蒼い時』に倣って企画されたものだろうが、結婚に近づく後半に進むほど文章は弛緩しており、『蒼い時』とは対照的なものになっている。

北川昌弘とゆかいな仲間たち『山口百恵→AKB48ア・イ・ド・ル論』宝島社新書、二〇一三年

アイドルを「カラーテレビの普及と高度経済成長による若年層の経済力の上昇によって成立した、メディア上で活躍する魅力的な人たち」と定義し、七〇年代以降のアイドルについて論じられている。その定義にもとづいた「AKBはもはやアイドルではない」との主張は興味深い。

クリス松村『「誰にも書けない」アイドル論』小学館新書、二〇一四年

「オネエ」キャラでのタレントとして活動しているだけでなく、レコードやCDのコレクターとしても知られる著者が、アイドルのレコードとの出会いからのアイドル遍歴を記した著作。アイドルに関する体験的な知識量は圧倒的。

小島和宏『活字アイドル論――アイドルとは物語の「発見」と「連鎖」である』白夜書房、二〇一三年

テレビから後退していった九〇年代のプロレスを「活字プロレス」によって支えた『週刊プロレス』の

元記者である著者が、『BUBKA』や『Quick Japan』でAKB、ももクロについての記事を執筆してきた（その後、『AKB48裏ヒストリー——ファン公式教本』『ももクロ活字録——ももいろクローバーZ公式記者追っかけレポート2011—2013』（ともに白夜書房、二〇一三年）背景を記している。著者には、震災後のアイドルの姿を描いた『3・11とアイドル——アイドルと被災地、ふたつの「現場」で目撃した1096日間の「現実」』（コア新書、二〇一四年）もある。

酒井政利『アイドルの素顔——私が育てたスターたち』河出文庫、二〇〇一年

著者は、アイドルの元祖とされる南沙織のプロデュースを手掛け、いわゆる「私小説路線」を打ち出した。これまでにプロデュースした三〇〇人以上のなかから、山口百恵や松田聖子、郷ひろみなどの代表的なアイドルのエピソードが語られている。

境真良『アイドル国富論——聖子・明菜の時代からAKB・ももクロ時代までを解く』東洋経済新報社、二〇一四年

経済産業省の官僚であると同時に、大学で講ずる研究者でもあり、「コンテンツ系官僚」を自任する著者が、七〇年代以降、AKB、ももクロに至るアイドルたちを、日本のメディア産業、さらにはグローバルな文化産業の観点から論じている。

坂倉昇平『AKB48とブラック企業』イースト新書、二〇一四年

峯岸みなみが恋愛禁止に反したことでみずから丸刈りにすることを選んだという出来事を取っかかりにして、AKBというグループにはらまれた労働の問題、そこからさらに、二〇〇〇年代以降の日本社会の労働問題を論じた著作。AKBの楽曲の歌詞に沿いながらの議論が興味深い。

さやわか『僕たちとアイドルの時代』星海社新書、二〇一五年

『AKB商法とは何だったのか』（大洋図書、二〇一三年）に加筆修正した新書で、「音楽チャートに語らせる」という方針のもと、AKBを中心に、七〇年代

以降のアイドル、および戦国時代ともいわれた現代のアイドルが取りあげられている。

竹内義和『清純少女歌手の研究——アイドル文化論』青心社、一九八七年

著者は、オタク第一世代として、アイドルだけでなく、怪獣もの・特撮ものやプロレス、テレビドラマについてのコラムの執筆、出版プロデュースをおこなっている。二〇〇八年には、五〇歳を過ぎて、突如、「嵐」ファンとなり、『僕が、嵐を好きになった理由』(メタモル出版)などを出版している。

田中秀臣『AKB48の経済学』朝日新聞出版、二〇一〇年

経済学者である著者が、失われた二〇年とも称されるデフレ経済期に広まったとする「デフレカルチャー」、「心の消費」という観点から、AKBを論じている。しかし、「不況はアイドルグループを生む」など、経済状況とアイドルを短絡させる態度は鵜呑みにはできない。

中川右介『山口百恵——赤と青とイミテイション・ゴールドと』朝日文庫、二〇一二年

クラシック音楽についての評論をおこなっている著者が、山口百恵の生い立ちから、引退までを、歌手としてだけでなく、テレビ、映画での活躍を含めた「総体としての山口百恵」を描き出した評伝。彼女の引退後の八〇年代については、「ポスト山口百恵」として、現在に至るまで対照的な歩みを見せるふたりのアイドルを描いた『松田聖子と中森明菜——一九八〇年代の革命［増補版］』(朝日文庫、二〇一四年。二〇〇七年の幻冬舎新書を文庫化したもの)がある。

中森明夫『アイドルにっぽん』新潮社、二〇〇七年

「おたく」という言葉を一般化させた、サブカルチャーのコラムニストである著者が八〇年代から二五年にわたって執筆してきた文章を集めた著作。「天皇は、日本国のアイドルである」という主張から始まっているように、アイドルという観点からの日本論が試みられている。

平岡正明著、四方田犬彦編集『完全版　山口百恵は菩

薩である』講談社、二〇一五年
一九七九年に出版された原著に、翌年の『菩薩のリタイア』（秀英書房）およびそれ以降に著者が山口百恵について書いた文章を集めることで新たに出版された著作。山口百恵の歌う楽曲を分析することから、同時代の日本社会を読み解こうとしたものである。

松本美香『ジャニヲタ　女のケモノ道』双葉社、二〇〇七年
松竹芸能所属の芸人で、「オトコ大好き」をキャッチコピーにし、ジャニーズ・アイドルをはじめとしたイケメン俳優・アイドルについてのネタをおこなっている。ジャニーズの追っかけの生態や心理などの詳細な記述は興味深いが、なかでも、モーヲタとの合コンについての話は秀逸。

山口百恵『蒼い時』集英社、一九八〇年
引退直前に出版され、二〇〇万部を超えるベストセラーになった自伝で、翌年には文庫化されている。出生から引退に至るまでの半生が描かれているが、父親との確執や、みずからの性などが赤裸々に綴られている。

吉田豪『元アイドル！』ワニマガジン社、二〇〇五年
プロインタビュアー、プロ書評家である著者による元アイドルたちのインタビュー集。二〇〇七年には『元アイドル2』が第二弾として出されており、アイドルという職業の過酷な側面が赤裸々に述懐されている。二〇〇八年には新潮社より文庫化されているが、元おニャン子クラブのメンバーのインタビューなどが文庫版には収録されておらず、本書のほうが、より幅広いアイドルたちについて知るのに適している。

『48現象――極限アイドルプロジェクトAKB48の真実』ワニブックス、二〇〇七年
「会いに行けるアイドル」を実践していたころのAKBについて、基礎的な知識や歴史を詳細に記した書籍。メンバーだけでなく、プロデューサーの秋元康や、コーチというべき役割を担っていた振り付け師の夏まゆみ、さらにはファンのインタビューも収められている。

■メディア理論

石田佐恵子『有名性という文化装置』勁草書房、一九九八年

文化社会学者の著者が、文化の理論とメディアの理論とを接合することで、現代社会に蔓延する「有名性」について、その歴史的変遷をたどると同時に、ワイドショーのようなテレビ番組や情報誌を分析し、メディアが行使する権力作用を明らかにしている。

石田英敬『自分と未来のつくり方——情報産業社会を生きる』岩波ジュニア新書、二〇一〇年

情報記号論を提唱する著者が、高校生に対しておこなった連続講義をもとにして、二〇世紀以降の資本主義の展開という大きなパースペクティヴから、現代メディアの問題を明快に位置づけた著作。このような歴史的な見取り図はもとより、後半で提示されている、現在のメディア環境を組み換えていくための処方も重要。また、同じ著者による『記号の知／メディアの知——日常生活批判のためのレッスン』(東京大学出版会、二〇〇三年)では、このような議論を支える理論装置が豊富な事例とともに詳説されている。

ジョン・オースティン『言語と行為』坂本百大訳、大修館書店、一九七八年

言語行為論を築いた著者の講演を書籍化したもので、試行錯誤しながらの議論となっている。しかし後の「体系化」の名のもとに、語彙の分類に終始する議論とは異なり、コミュニケーションのあり方をとらえようとしたものであり、そのなかで提出されている諸概念は、現在でも、重要な示唆に富んでいる。

北野圭介『大人のための「ローマの休日」講義——オードリーはなぜベスパに乗るのか』平凡社新書、二〇〇七年

今も褪せることのないオードリー・ヘプバーンの魅力に、物語論や演技論、社会文化論、メディア論など、さまざまな角度から接近していく著作で、なかでも、著者が「存在論的」と呼ぶスター論からの「オードリーの三つの身体」の分析は映画論としてだけでなく、現代のメディアを考えるうえで多くの示唆に富む。

ベルナール・スティグレール『技術と時間』1〜3、石田英敬監修、西兼志訳、法政大学出版局、二〇〇九—一三年

現代フランスを代表する技術哲学者である著者の主著シリーズで、現在のところ、第3巻までが出版・翻訳されている。メディアについては、第2巻の「方向喪失」、第3巻の「映画の時間と〈難‐存在〉の問題」で論じられているが、メディアの問題をより広くテクノロジーの展開に位置づける視座を与えてくれる。

ロラン・バルト『明るい部屋——写真についての覚書』花輪光訳、みすず書房、一九九七年

フランスの評論家である著者が、その最晩年に、亡くなったばかりの母親に対する喪の仕事として著した写真論。現象学、記号論を援用しながら、被写体がカメラの前に存在したことが疑いえないこと（「それは＝かつて＝あった」）が写真というメディアの本質であることが論じられている。

ダニエル・ブーニュー『コミュニケーション学講義——メディオロジーから情報社会へ』水島久光監訳、西兼志訳、書籍工房早山、二〇一〇年

フランスのメディア学＝メディオロジーの理論的基礎を築いた著者が、その理論の入門として著したもの。コンパクトながら、記号論、精神分析、コミュニケーション論など、二〇世紀の人文科学において蓄積されてきた知を総合することで、メディアのための新しい理論が定式化されている。

ピエール・ブルデュー『資本主義のハビトゥス——アルジェリアの矛盾』原山哲訳、藤原書店、一九九三年

ブルデューは、社会階級が再生産されるメカニズムの分析をテーマとした二〇世紀後半を代表する社会学者で、邦訳されている著書も多数ある。本書では、「ハビトゥス」概念について、とくに、初期の著作におけるものに注目したが、その意味では、ここにあげた民族学的研究、また、『実践理論の素描』（未邦訳）が重要。これらの研究を後に修正しつつ体系化した『実践感覚』（みすず書房、二〇〇一年）がある。

ヴァルター・ベンヤミン『複製技術時代の芸術』佐々

木基一編集解説、晶文社、一九九九年

写真や映画のような機械的な複製によって、芸術作品がどのように変質するかを論じた著作で、とくに、芸術作品の唯一性に宿るとされた「アウラ」についての分析は、そのとらえがたさも含めて、現代の文化産業、メディアについて考えるうえで重要。

水島久光／西兼志『窓あるいは鏡――ネオTV的日常生活批判』慶應義塾大学出版会、二〇〇八年

ウンベルト・エーコらが定式化したパレオTV／ネオTV論を発展させながら、バラエティやドラマ、スポーツ中継、ドキュメンタリーの具体的な番組についてのコンテンツ分析をおこないながら、諸ジャンルが混淆し、メディアと日常が地続きになっていくネオTV的状況をとらえようとしている。エーコの「TV――失われた透明性」も附録として収められている。

吉見俊哉『メディア文化論――メディアを学ぶ人のための15話　改訂版』有斐閣、二〇一二年

メディアをめぐる文化社会学の第一人者である著者が、メディア文化論が生まれる理論的背景を明らかにすると同時に、印刷術から、電話、映画、ラジオ、テレビを経て、インターネットに至るメディアの展開が論じられている。また、現在、絶版になっているが、同じ著者の『メディア時代の文化社会学』(新曜社、一九九四年)もこの分野における必読文献。

■カルチャー／その他

相原博之『キャラ化するニッポン』講談社現代新書、二〇〇七年

「バンダイキャラクター研究所」を経て、二〇〇五年に「キャラ研」を設立した著者が、「生身の現実世界」に「仮想現実」が取って代わることで、「生身の私」ではなく「キャラとしての私」こそがリアルになるという「キャラ化」を概観している。

東浩紀『動物化するポストモダン――オタクから見た日本社会』講談社現代新書、二〇〇一年

「大きな物語」が有効性を失ったポストモダン社会を生きるオタクを読み解きながら、現代思想のアップ

デートを試みた著作。そこでは、オタクとは、データベースに集積された要素の組み合わせから作られたキャラや物語に、それと知りながらも「欲求」を抱く（=「萌える」）「データベース的動物」のことだとされている。

伊藤剛『テヅカ・イズ・デッド――ひらかれたマンガ表現論へ』NTT出版、二〇〇五年

「キャラ」と「キャラクター」の対比について参照したが、マンガ表現論である本書では、この対比の観点から、手塚治虫以降の漫画について分析されている。

烏賀陽弘道『Jポップとは何か――巨大化する音楽産業』岩波新書、二〇〇五年

記者として『AERA』で音楽・文化を担当していた著者が、関係者への取材から、Jポップの成立から、巨大化する経緯、そして、それによる音楽産業の変容を丹念にたどり直している。

宇野常寛『リトル・ピープルの時代』幻冬舎、二〇一一年

村上春樹をきっかけに、ヒーローものを論じながら、「大きな物語」の時代の「ビッグ・ブラザー」後の世界における「リトル・ピープル」の生き方を説いた著作で、第3章で、リアル／ヴァーチャル、現実／虚構という二項対立ではなく、両者がハイブリッド化した「「拡張現実」の時代」が論じられている。

大塚英志『「おたく」の精神史――一九八〇年代論』朝日文庫、二〇〇七年

「おたく」が「新人類」との対比によって規定されていた八〇年代のマンガ、アニメ、アイドル、プロレスなどのサブカルチャーを読み解き、消費社会における物語の行方やセクシュアリティを析出した著作。さらに、こうして得られた視座から、湾岸戦争に対する文壇の反応、オウム事件、あるいはエヴァンゲリオンなどの九〇年代の現象までが位置づけられている。

大野左紀子『アーティスト症候群――アートと職人、クリエイターと芸能人』河出文庫、二〇一一年

芸能界や音楽業界でタレントやアイドルが「アーティスト」となり、それだけでなく、「美容師」が「ヘ

ア・アーティスト」に、「メイクさん」が「メイクアップ・アーティスト」、園芸家が「フローラルアーティスト」となるような一億総アーティスト化社会が、つまるところ「アーティスト」と呼ばれたい「被承認欲」の表れにすぎないと辛辣に論じられている。

小田切博『キャラクターとは何か』ちくま新書、二〇一〇年

マンガやアニメについてのライターである著者が、メディア・ミックスによって、さまざまなかたちで商品展開されているキャラクタービジネスを論じながら、キャラクターとは何かという問いに答えようとした著作。

香山リカ／バンダイキャラクター研究所『87%の日本人がキャラクターを好きな理由——なぜ現代人はキャラクターなしで生きられないのだろう？』学習研究社、二〇〇一年

タイトルにある通り、いまや多くの日本人にとって手放せなくなったキャラクターについて、その誕生から、日本への導入を経て、現在の隆盛に至るまでが描き出されている。著者に精神科医の香山リカが加わっていることもあり、キャラがもたらす癒やしを活用した「キャラクテラピー」についても論じられている。

スティーヴン・ジェイ・グールド『パンダの親指——進化論再考』上下、桜町翠軒訳、ハヤカワ文庫、一九九六年

適応主義を批判した古生物学者の著者のエッセーを集めたもので、なかでも、ミッキーマウスの「ネオテニー（幼形成熟）」化を論じた章（「ミッキーマウスに生物学的敬意を」）は、キャラやアイドルになぜ引きつけられるのかを動物行動学の観点から分析したものとして必読。

斎藤環『キャラクター精神分析——マンガ・文学・日本人』筑摩書房、二〇一一年

「ひきこもり」など思春期の問題を専門とする精神科医であると同時に、マンガ、アニメだけでなく、小説や映画について旺盛な評論活動をおこなっている著者が、「キャラ」について論じたもの。ＡＫＢについては、「キャラクター消費」という観点から論じられ

ている。このほかにも、『戦闘美少女の精神分析』（太田出版、二〇〇〇年。文庫として出版されている）、その後、二〇〇六年にちくま文庫として出版されている）、『若者のすべて——ひきこもり系vsじぶん探し系』（PHPエディターズグループ、二〇〇一年）、『文脈病——ラカン／ベイトソン／マトゥラーナ』（青土社、二〇〇一年）なども、キャラやアイドルだけでなく、現代のメディア文化を考えるうえで欠かせない。

ササキバラ・ゴウ『〈美少女〉の現代史——「萌え」とキャラクター』講談社現代新書、二〇〇四年

七〇年代以降のマンガやアニメで描かれた「美少女」たちに表現されてきたセクシュアリティの分析から、「キャラクター消費社会」のあり方が読み解かれている。三次元のアイドルを分析しているわけではないが、アイドルの時代が「美少女」キャラクターの時代でもあったことを明らかにしているように、示唆に富む著作。

佐々木敦『ニッポンの音楽』講談社現代新書、二〇一四年

七〇年代以降の日本のポピュラー音楽の歴史を、一〇年ごとに区切るかたちでたどり直している。なかでも、著者のいう「リスナー型ミュージシャン」が洋楽と向き合い、取り込むことによって、歴史の縦糸を構成してきた経緯が明快に描き出されている。

瀬沼文彰『キャラ論』STUDIO CELLO、二〇〇七年

自身がおこなった聞き取り調査をもとにして、若い世代のコミュニケーションが「バラエティー番組化」しているなかで、それぞれが演じるキャラの重要性が増し、「キャラに覆われる社会」のあり方を描き出している。

西田浩『ロック・フェスティバル』新潮新書、二〇〇七年

読売新聞の記者である著者が、一九九七年に初開催された「フジ・ロック・フェスティバル」が大混乱を引き起こしながらも、成功したことをきっかけにして定着していったロック・フェスティバル、そして、ライブ文化の歴史をたどった著作。

速水健朗『タイアップの歌謡史』洋泉社新書、二〇〇七年

日本のポピュラー音楽が、「タイアップ」というかたちで、映画、テレビ番組、CMでどのように使用され、それによって、どのような変質を遂げてきたかをたどった著作。九〇年代にミリオンセラーを乱発したJポップに至る流れがよくわかる。

マキタスポーツ『すべてのJ-POPはパクリである——現代ポップス論考』扶桑社、二〇一四年

「作詞作曲モノマネ」で知られる芸人である著者が、「ヒット曲にはある共通のパターンがある」とし、ヒットしたJポップの典型的なコード進行や歌詞で用いられる語彙などを析出している。本書の分析を実践した楽曲を収めた「推定無罪」(二〇一三年)というアルバムも出している。

宮入恭平『ライブハウス文化論』青弓社、二〇〇八年

近年、音楽消費におけるライブの重要性が指摘されることが多いが、それを支えてきたライブハウスについて、ロック喫茶・ジャズ喫茶にまで遡り、商業化・系列化を経験する八〇年代を経て、現在に至る歴史が描き出されている。

毛利嘉孝『増補　ポピュラー音楽と資本主義』せりか書房、二〇一二年

文化社会学を専門とする著者が、戦後から現代に至るポピュラー音楽を、グローバルな文化産業の展開に位置づけている。増補版では、Jポップ、ポストJポップについて加筆されており、そのなかで、モー娘。やAKBなどのアイドルについても論じられている。

山田修爾『ザ・ベストテン』新潮文庫、二〇一二年

一九七八年に放送開始され、アイドル文化の展開とともにあった同番組のプロデューサーが、番組の立ち上げから終了までを、生放送であった番組を彩った数々のエピソードとともに記している。二〇〇八年に出版された単行本に、司会を務めた黒柳徹子との対談が加えられている。

四方田犬彦『「かわいい」論』ちくま新書、二〇〇六年

映画研究者であり、漫画研究者でもある著者が、イタリアのボローニャで「美少女戦士　セーラームーン」のポスターを目にしたことから、世界中に蔓延する「かわいい」文化を、日本のサブカルチャーだけでなく、古今東西さまざまな文学作品、映画作品を取り上げながら、読み解いた著作。また、『女優　山口百恵』（四方田犬彦編、ワイズ出版、二〇〇六年）では、彼女が出演した映画やテレビドラマが詳細に論じられている。

西 兼志（にし・けんじ）

1972年生．成蹊大学文学部教授．メディア論．東京大学大学院総合文化研究科言語情報科学専攻博士課程単位取得退学，グルノーブル第3大学大学院博士課程修了（情報コミュニケーション学博士），グルノーブル第2大学大学院博士課程修了（哲学博士）．著書に『〈顔〉のメディア論――メディアの相貌』（法政大学出版局），『窓あるいは鏡――ネオTV的日常生活批判』（共著，慶應義塾大学出版会），訳書にダニエル・ブーニュー『コミュニケーション学講義――メディオロジーから情報社会へ』（書籍工房早山），ベルナール・スティグレール『技術と時間』（1～3巻，法政大学出版局）など．

アイドル／メディア論講義

2017年4月3日　初　版
2020年9月25日　第2刷

［検印廃止］

著　者　西 兼志

発行所　一般財団法人　東京大学出版会
代表者　吉見俊哉
153-0041 東京都目黒区駒場4-5-29
http://www.utp.or.jp/
電話 03-6407-1069　Fax 03-6407-1991
振替 00160-6-59964

組　版　株式会社キャップス
印刷所　株式会社三秀舎
製本所　誠製本株式会社

ISBN 978-4-13-053024-8　Printed in Japan

記号の知／メディアの知――日常生活批判のためのレッスン
石田英敬

テレビ，広告，写真，アート，建築，サイバースペース……さまざまなメディアを通してつくりだされる世界の意味とは何か？　ソシュールとパースを源流として展開した記号の知によって，私たちの身のまわりにみられる意味のメカニズムを解き明かし，それらを相対化する批判力の獲得を提唱する．
本体 4,200 円+税

ケータイの 2000 年代――成熟するモバイル社会
松田美佐／土橋臣吾／辻泉編

空気や水のように社会のすみずみまで浸透しているケータイ．ケータイによって私たちの日々の行動やコミュニケーションはどう変化したのか．2011 年に実施した大規模質問紙調査と 2001 年の調査結果を比較することによって，これまで印象論で語られがちだった日本人のケータイ利用の実態を実証的に解明する．
本体 5,400 円+税

デジタル・スタディーズ［全 3 巻］
石田英敬／吉見俊哉／マイク・フェザーストーン編

20 世紀のメディア哲学，メディア批判，表象美学，映像論，記号論，メディア社会学，文化研究，都市建築研究の系譜を〈知のデジタル転回〉の文脈で受けとめ，デジタル・テクノロジーの遍在する時代のメディア・スタディーズの新たな方向性と新しい知のパラダイムを展望する．
本体 3,800 ～ 4,800 円+税